Brigitte Waldens

Frisch aufgebrüht

Plaudereien über Kaffee und Tee

Schwarz auf heiß

Nur Wasser wird weltweit mehr getrunken. Aber dem Durstlöscher dichtauf folgen Tee und Kaffee auf den weiteren Spitzenplätzen. Tee auf Rang Zwei hat sich im internationalen Vergleich zum wichtigsten Getränk entwickelt. 15.000 Tassen pro Sekunde werden rund um den Globus konsumiert.

Kaffee wiederum kann mit seiner wirtschaftlichen Bedeutung punkten. Immerhin gelten die Bohnen, die mittlerweile in über 50 Ländern angebaut werden, neben Erdöl zu den meistgehandelten Produkten in der Welt. Führender Kaffee-Exporteur ist Brasilien vor Indonesien und Kolumbien.

Tee und Kaffee haben die Kultur der Völker seit Jahrhunderten beeinflusst. Erst dem Adel vorbehalten, verpönt, verboten und mit extremen Steuern belegt, konnte doch nichts den Siegeszug der beiden Getränke quer durch die Kontinente aufhalten.

Deshalb haben Bohne und Blatt besondere Aufmerksamkeit verdient. Ob auf die Schnelle zwischendurch, Tea-Time am Nachmittag oder Kaffeeklatsch in gemütlicher Runde – in diesem Buch wird den Favoriten in Tasse und Kännchen schwarz auf heiß Referenz erwiesen. Mit Geschichten, Legenden und Fakten. Frisch aufgebrüht und unterhaltsam aufbereitet.

Lesen Sie, wie der Wein des Islam nach Europa kam und die Kaffeehäuser zu den angesagten Treffpunkten in den Städten wurden. Schließen Sie Bekanntschaft mit richtungsweisenden Erfindungen vom Kaffeefilter bis zum Teebeutel. Begleiten Sie die Autorin in andere Länder, um dort Sitten und Gebräuche zum Thema Kaffee und Tee kennenzulernen. Erfahren Sie, warum die Ostfriesen den Kluntje mit der Wulkje Rohm so lieben. Verfolgen Sie das spannende Rennen der Tee-Clipper über die Ozeane von China nach England. Und lassen Sie sich berichten, warum falsche Indianer in Boston Party feierten.

Dies alles und mehr erzählt Ihnen Brigitte Waldens bei ihren Plaudereien über Kaffee und Tee. Eine anregende Lektüre, die Appetit macht auf heißen Trinkgenuss.

Allerlei von Bohne und Blatt

Charles-Maurice de Talleyrand, 1754 -1838

Der Kaffee muss heiß sein
wie die Hölle, schwarz wie
der Teufel, rein wie ein Engel
und süß wie die Liebe.

Welterfolg im Kännchen

Der Wein des Islam

Der „Erregende" sorgte im 14. Jahrhundert für Aufregung. Denn *Qahwa*, wie der Kaffee damals im alten Arabien bezeichnet wurde, meinte eigentlich den Wein, der gläubigen Moslems verboten war und vielfach heute noch ist. Wegen seiner anregenden, leicht aufputschenden Wirkung erfreute sich der alkoholfreie Kaffee steigender Beliebtheit und entwickelte sich unter gleichem Namen rasch zum Wein des Islams. Diesmal erlaubt und eine willkommene Abwechslung zum herkömmlichen Tee.

Was man sich so erzählt

Um den Ursprung des Kaffees ranken sich zahlreiche Legenden. Angefangen von der nimmermüden Ziegenherde in der äthiopischen Provinz Kaffa über einen Derwisch, der sich von den Früchten einer Kaffeepflanze ernährte und so in der Wüste überlebte, bis hin zum sterbenskranken Propheten Mohammed, der nach dem Genuss einer Schale Kaffee wie durch ein Wunder wieder genas.

Wahrscheinlich entdeckten zur Zeit der Kreuzzüge in 12./13. Jahrhundert geschäftstüchtige jemenitische Händler auf der Suche nach neuen Erzeugnissen in Abessinien die bislang unbekannten Kaffeepflanzen. Da die empfindlichen Kaffee-Kirschen unterwegs leicht verdarben, versuchte man, die Pflanzen im eigenen Land anzubauen. Auf diese Weise entstanden die ersten Plantagen, die sich schnell zu einem großflächigen, kommerziellen Kaffeeanbau entwickelten.

Wichtigster Umschlagplatz, um das neue Erfolgsprodukt zu den Käufern in Europa zu verschiffen, war die jemenitische Hafenstadt Mokka, dem Namensgeber der bekannten starken Kaffeespezialität.

Eine globale Erfolgsgeschichte

Lange Zeit galt der Anbau des Kaffees in der arabischen Welt als gut gehütetes Staatsgeheimnis. Um zu verhindern, dass die Handelspartner das Monopol aufbrachen, griffen die Araber zu extremen Vorsichtsmaßnahmen. Sie überbrühten die rohen Früchte mit heißem Wasser – ein Verfahren, dass den Kaffeebohnen die Fähigkeit zum Keimen nahm.

Doch aller Aufwand erwies sich schließlich als vergebens, um die globale Verbreitung zu verhindern. Mit dem Beginn der Kolonialisierung wurde Kaffee zu einer bedeutenden internationalen Handelsware. Zunächst brachten die Inder keimfähige Bohnen illegal in ihre Heimat; die Holländer folgten und begannen um 1650, die ersten Kaffeepflanzen in ihren Niederlassungen zu züchten. Und so ging es unaufhörlich weiter. Im 18. Jahrhundert gab es so gut wie in allen Teilen der Welt ausgedehnte Plantagen, die für den Anbau von Kaffee genutzt wurden. Denn von dem lukrativen Kaffee-Geschäft wollten sich die damaligen Kolonialherren unbedingt ihren Anteil sichern, zumal die Nachfrage nach dem schmackhaften Getränk beständig stieg.

Kaffee geht immer

Dies hat sich bis heute nicht geändert. Mittlerweile ist auch Deutschland zu einem führenden Kaffeeland geworden. Rund 162 Liter konsumieren die Deutschen im Jahr von ihrem Lieblingsgetränk. Heiß, schwarz, mit Zucker und Milch, oder pur. Auch als Eiskaffee ein Genuss, als irische Variante mit einem Schuss Whisky unter dem Sahnehäubchen eine delikate Köstlichkeit. Ob Espresso, Melange oder Einspänner. Ob solo, zwischendurch als Pausenfüller, zum Frühstück oder zu einem Stück Kuchen. Im Kaffee steckt nicht nur Geschmack, sondern auch jede Menge Vielfalt und Lebenskraft.

Qahwa. Der erregende Wein des Islams hat auf seinem Siegeszug durch die Jahrhunderte den Globus erobert. Und schenkt uns jeden Tag kleine Glücksmomente. Wohl bekomm's.

rrrrröstfrisch!

Aus Grün wird Braun. So lautet kurz und knapp die Formel für das Verfahren, das rohen Kaffee in köstlich duftende Bohnen verwandelt. Dabei kann das Rösten noch viel mehr, als aus grünen Kaffeefrüchten braune zu machen. Abhängig von Intensität und Dauer des Prozesses entfalten sich bis zu tausend unterschiedliche Aromen, die für eine außerordentliche Geschmacksvielfalt im Kaffee-Programm sorgen.

Eine Kombination aus Hitze und Chemie

Der Vorgang durchläuft drei Phasen – das Trocknen, das Bräunen sowie das eigentliche Rösten. Um dem Rohkaffee die natürliche Feuchtigkeit zu entziehen, werden die Bohnen in einem Trommelröster etwa vier bis acht Minuten getrocknet. Am Ende der Trocknung liegt die Temperatur um die 160° C. Dies ist insofern von Bedeutung, weil in diesem Moment das Aromatisieren des Kaffees beginnt.

Nun setzt die sogenannte Maillard-Reaktion ein, in deren Verlauf sich Zucker und Aminosäuren in den Bohnen verbinden. Durch diesen chemischen Kontakt entstehen Hunderte von Aromen sowie Farbnuancen. Die Kaffeebohnen fangen an, braun zu werden und platzen schließlich am Ende der Bräunungs-Phase auf. Grund für dieses Phänomen, in der Fachsprache *first crack* genannt, ist die Energie, die während des Trocknens und Braunwerdens in den Kaffeefrüchten gespeichert wird. Zeit für den letzten Schritt des Röstens.

Aromen für den Geschmack nach Wunsch

Jetzt ist das ganze Know-how des Baristas gefragt. Denn nur ein erfahrener Kaffeeröster besitzt die Kompetenz, den Röstgrad der Bohnen so zu bestimmen, dass exakt das gewünschte Ergebnis erreicht wird. Etwa durch das Variieren von Temperatur und Dauer des Prozesses. Auf diese Weise lassen sich Aroma, Geschmack und Verwendungszweck des Kaffees maßgeblich beeinflussen. Doch nicht der Röstgrad allein ist verantwortlich für das Resultat. Ebenso bestimmt die Zeit, die für die einzelnen Schritte sowie für das gesamte Verfahren aufgewendet wird, das Aroma des fertigen Kaffees.

Als Faustregel gilt: Durch eine schnelle Röstung entstehen mehr Aromastoffe. Ein hell gerösteter Kaffee enthält außerdem einen höheren Säureanteil, schmeckt häufig auch fruchtiger und kaum bitter. Wird der Kaffee dagegen langsam und dunkel geröstet, ist er weniger sauer und hat einen rauchigen, intensiveren Geschmack. Im Gegensatz zur helleren Variante hat diese Qualität die meisten ursprünglichen Aromen des Rohkaffees verloren, dafür aber wesentlich mehr Röstelemente gewonnen.

Die Röstgrade im Überblick

Light Cinnemon Roast
Eine extrem helle Röstung, die noch vor dem ersten Aufplatzen der Bohnen während der Trocknung entsteht.

Light Roast
Auch Zimt-Röstung genannt, die gleichzeitig mit dem *first crack* beendet wird. Typisch ist der säuerliche Geschmack, oft angereichert mit einer Zitrusnote.

Medium Roast
Die mittelstarke Frühstücks- oder auch amerikanische Röstversion in mittlerem Braun überzeugt durch einen ausgewogenen, vollen Geschmack.

City Roast
Eine Röstung in mittel- bis dunkelbrauner Färbung.

Dark Roast
Bekannt auch als Wiener oder helle französische Röstung. Ein Merkmal für diese dunkle Röstung sind die kleinen Öltropfen, die sich auf den Bohnen sammeln. Der Geschmack tendiert in Richtung leicht schokoladiger Süße, aber mit bitterer Note.

Französische Röstung
Sehr dunkel mit glänzender Oberfläche der Bohnen.

Italienische Röstung
Stark glänzende Bohnen in sehr dunkler Farbe. Charakteristisch für den Espresso.

Spanische Röstung
Die dunkelste Röstung, die noch trinkbar ist. Die Bohnen sind fast schwarz mit stumpfem Aussehen.

torrefacto
Eine Variante aus Spanien, bei der die Bohnen mit Zucker geröstet werden. Zumeist ist diese Sorte als Blend mit einem normal gemischten Kaffee im Handel. Der torrefacto in diesem Mix reduziert die Säure und senkt die Bitterkeit im Geschmack.

Treffpunkt der Weisheit

Als im 14. Jahrhundert die ersten Kaffeehäuser in Mekka entstanden, verfolgten die damaligen Machthaber im Lande diese Entwicklung mit Argwohn. Denn dort, wo der Kaffee ausgeschenkt wurde, kamen Gelehrte zusammen, um über Politik, die geltende Rechtsprechung und die Verfassung der Gesellschaft kritisch zu diskutieren. Ein solches Forum konnte der regierenden Kaste nicht recht sein. Denn die Vermutung lag nahe, dass sich in diesen Schulen der Weisen genannten Versammlungsstätten unliebsamer Widerstand gegen die Obrigkeit bilden könnte. So verwundert es nicht, dass etliche Kaffeehäuser sogar geschlossen wurden aus Furcht vor revolutionären Ideen, die den Herrschern gefährlich werden konnten.

Unter anderem untersagte der Gouverneur von Mekka im Jahre 1511 den Kaffeehausbesitzern, diese Orte des sittlichen Verfalls weiter zu betreiben. Erst dreißig Jahre später wurde das Verbot nach einem nicht enden wollenden Streit zwischen den Gelehrten durch den Sultan von Kairo wieder aufgehoben.

Der Beliebtheit der neuartigen Cafés schadete das rigide Vorgehen jedoch in keiner Weise. Im Gegenteil. Von Mekka aus traten sie ihren Siegeszug in weitere Städte an. 1554 eröffneten auch in Konstantinopel zwei Händler aus Aleppo eigene Kaffeehäuser; weitere folgten alsbald und bekamen unglaublichen Zulauf. Allerdings immer noch vor allem von Gelehrten, Philosophen und der Intelligenzia vor Ort. Die Kaffeehaus-Besucher genossen den Kaffee aufgrund seiner anregenden Wirkung gern und in Mengen, so dass die kontroversen Debatten in den Cafés häufig hoch hergingen.

Europa kommt auf den Geschmack

Die Tradition, Treffpunkt der Gelehrsamkeit zu sein, setzte sich auch im 17. Jahrhundert fort, als die ersten Kaffeehäuser in West-Europa gegründet wurden. Das bekannte *Café Florian* auf dem Markusplatz in Venedig machte 1647 den Anfang; wenig später kamen Kaffeehäuser in Oxford und London hinzu, obwohl der damalige König Charles II zuvor versucht hatte, Kaffee samt Ausschank zu verbieten. Marseille, Wien und Paris wurden ebenfalls in dieser Zeit zu viel besuchten Café-Standorten. In Deutschland war Bremen die erste Kaffeehaus-Stadt mit dem Etablissement *Schütting* im Jahr 1673.

Erst mit der Zeit öffneten sich die Einrichtungen für eine breitere Masse und wurden zu vielbesuchten Mittelpunkten des städtischen Lebens. Hier trafen sich Vertreter aus Politik, Wirtschaft und Kultur, um ihre Geschäfte zu betreiben, Absprachen vorzunehmen oder auch die Gäste mit ihrer Kunst zu unterhalten. Oft nutzten beispielsweise Schriftsteller den regelmäßigen Aufenthalt im Café, um an ihren reservierten Tischen das Publikum zu beobachten und Publikationen zu verfassen. Unter anderem entstanden Werke von Hugo von Hoffmannsthal, Ernest Hemingway oder Thomas Mann in Kaffeehäusern.

Kein Kaffeehaus wie das andere

In diesem Zusammenhang ist bemerkenswert, dass sich an verschiedenen Standorten eine spezielle Kaffeehaus-Kultur entwickelte. In London im Umkreis der Börse wurde das dortige Kaffeehaus zum bevorzugten Banker-Treff; in Frankreich verwandelte sich das Café zum Varieté mit eigenem Unterhaltungsprogramm. Neue Chansons, politisches Kabarett und vielfältige künstlerische Darbietungen lockten Tausende in die Pariser Kaffeehäuser, wo bekannte Sänger und Schauspieler ihren Auftritt hatten.

Deutschland jedoch verhielt sich zögerlich, was den Kaffeehaus-Besuch betrifft. Dies erstaunt umso mehr, als laut eines Reiseberichts des Botanikers Lenhart Rauwolf anno 1582 die Deutschen die ersten Europäer waren, die von der Existenz des Kaffees erfuhren. Dennoch sollte es knapp hundert Jahre dauern, bis auch hierzulande ein Café in der Hansestadt Bremen den Betrieb aufnahm.

Deutschland trinkt privat

Die abwartende Haltung lässt sich möglichweise dadurch erklären, dass die Deutschen bis dato ein Volk von Biertrinkern waren. Später dann wurde das Kaffeetrinken in den häuslichen vier Wänden zur Gewohnheit. Etwa zum Frühstück oder nachmittags zu einem Stück Kuchen. In jedem Fall privat. Sich in einem Café zu verabreden, gehörte dagegen zu den besonderen Anlässen der Kontaktpflege und nicht zu den üblichen gesellschaftlichen Usancen wie anderswo.

Es gab aber auch Ausnahmen von der Regel. Zum Beispiel tranken prominente Vertreter aus Musik, Philosophie oder Dichtkunst ihren Kaffee in den kulturellen Zentren Weimar und Leipzig durchaus im Café. So konnte man ohne Weiteres am Nachbartisch Berühmtheiten wie Kant, Hölderlin, Beethoven, Humboldt oder Goethe begrüßen. Immerhin gab es um 1711 in der Messestadt Leipzig bereits acht Kaffeehäuser. Im Vergleich zu anderen deutschen Städten der Zeit eine beachtliche Anzahl.

Gleichgesinnte unter sich

In der Mitte des 19. Jahrhunderts erfuhren die Kaffeehäuser in Deutschland einen Wandel. Die Betreiber gingen dazu über, Cafés für bestimmte Berufsstände einzurichten. Dies führte in Berlin dazu, dass jede Innung und jede Zunft ihr eigenes Kaffeehaus bekam. Auch die Literaten verkehrten nun vor allem im *Café des Westens* am Kurfürstendamm, auch *Café Größenwahn* genannt. Hier fanden sich Autoren wie Richard Dehmel, Franz Werfel und Gottfried Benn zum intellektuellen Gedankenaustausch zusammen. Aber auch die Maler Franz Marc und Oskar Kokoschka machten hier des Öfteren Station auf eine Tasse Kaffee.

Else Lasker-Schüler notierte in ihrem Briefroman ‚Mein Herz‘ zum Thema Kaffeehaus: „Ich bin nun zwei Abende nicht im Café gewesen. Ich fühle mich etwas unwohl im Herzen. Dr. Döblin kam, um eine Diagnose zu stellen. Er meinte, ich leide an der Schilddrüse, aber in Wahrheit hatte ich Sehnsucht nach dem Café.“

Wiener Intermezzo

Küss die Hand. Als Institution besonderer Art, die laut Stefan Zweig mit keiner ähnlichen der Welt vergleichbar ist, hat es das Wiener Kaffeehaus sogar auf die UNESCO-Liste der Kulturerbe geschafft. Grund genug, sich diese gastronomische Einzigartigkeit näher anzuschauen. Ein Blick in die Geschichte liefert vorab aufschlussreiche Details.

Der Ursprung geht weit zurück ins Jahr 1685. Am 17. Januar gewährte Kaiser Leopold I dem Armenier Johannes Theodat, auch Diodato genannt, die Erlaubnis, das türkische Getränk mit Namen Caffe für die Dauer von zwanzig Jahren zu vermarkten. Der so Begünstigte, eine zwielichtige Gestalt im Spionagedienst des Hofes, nutzte die Chance und eröffnete Wiens erstes Kaffeehaus, um den Türkentrank seinen Gästen zu offerieren. Eine ausgezeichnete Geschäftsidee, denn die Wiener entwickelten sich in Windeseile zu begeisterten Kaffee-Fans.

So erstaunt es nicht, dass auch andere Gastwirte von dem Boom profitieren wollten. Um 1900 gab es in der österreichischen Hauptstadt bereits 600 Kaffeehäuser mit angeschlossenen Salons, in denen das beliebte Billard oder Karten gespielt und geraucht wurde. Vergnügen, die in dieser Zeit lediglich das starke Geschlecht genießen durfte. Der Zutritt zu den neuartigen Treffpunkten war folglich nur Männern gestattet. Ohne Herrenbegleitung mussten die Damen draußen bleiben.

Ersatz für Wohnzimmer und Büro

Im 19. Jahrhundert, der Blütezeit der Kaffeehaus-Kultur, entwickelten sich die Cafés für viele Gäste zum zweiten Wohnzimmer oder Arbeitsplatz, in dem sich Künstler, Literaten und Kulturschaffende jeglicher Art zusammenfanden. Sogar die Post konnte man sich ins Kaffeehaus schicken lassen.

Die Besucher waren sich einig: Hier schmeckte der Kaffee besser als daheim. In heimeliger Atmosphäre genossen sie ihre Melange, bestellten einen Kleinen Schwarzen oder Großen Braunen, ließen sich zur Abwechslung auch einen Fiaker oder Einspänner servieren und nutzten das Ambiente für ihr kreatives Schaffen. Das Gute daran: Niemand drängte sie zum Aufbruch, kein Kellner mahnte eine neue Bestellung an. Stunde um Stunde konnten die Gäste unbehelligt in ihrem Stamm-Café verbringen, über Gott und die Welt diskutieren, die politische Lage besprechen, in aller Ruhe Zeitung lesen, Geschäftspartner treffen oder eben ihre Arbeit erledigen. Natürlich an einem der typischen Tische mit der unverwechselbaren Marmorplatte, die genauso wie die mittlerweile weltbekannten Thonet-Stühle aus gebogenem Buchenholz bis heute zum klassischen Inventar eines Wiener Kaffeehaus gehören.

Ein volles Programm für Genießer

Was das Kaffetrinken betrifft, zeichneten sich die Cafés schon damals durch bemerkenswerte Vielfalt aus. Bis zu fünfzig verschiedene Arten der Kaffeezubereitung standen zur Wahl, mit Zucker, Obers, Milchschaum oder Spirituosen, stark oder schwach geröstet, in kleinen bis extra großen Portionen. Dazu lieferten die Café-Konditoreien Kuchen, Torten und Gebäck in unzähligen Variationen. Unter anderem beliebte Mehlspeisen wie die Buchteln.

Und da zum Kaffeegenuss auch eine passende Unterhaltung gehört, entstand in Wien eine spezielle Kaffeehaus-Musik. Auch literarische Lesungen oder Vorführungen von Sketchen, Pantomime und Cabaret zählten zum damaligen Programm. Übrigens passte sich auch das Billardspiel den Räumlichkeiten an. Aus der Mitte des 19. Jahrhunderts datiert der Kaffeehaus-Billard, eine verkleinerte Version des üblichen Karambolagetisches mit den Sondermaßen 95 x 190 cm.

Bis heute eine lebendige Tradition

Es versteht sich von selbst, dass die Wiener Kaffeehäuser schnell zum Vorbild für die gesamte k.u.k.-Monarchie wurden. So entstanden in Budapest, Prag und Triest ebenfalls Einrichtungen, die sich an dem Wiener Original orientierten. Auch wenn viele der Traditionslokale mittlerweile die Toren schließen mussten, ist die Kultur bis in die heutigen Tage erhalten geblieben. Ob Student oder Rentner, Geschäftsmann oder Kreativer – man trifft sich wie in alten Zeiten im Café. Denn das Wiener Kaffeehaus spielt nach wie vor im gesellschaftlichen Leben der österreichischen Metropole eine wichtige Rolle.

Ein außergewöhnliches Platzangebot

Passionierte Kaffeehaus-Besucher in Österreich wissen: Meist nehmen sie in ihrem Lieblings-Café nicht auf irgendeinem Sitzmöbel Platz, sondern auf einem echten Klassiker. Dem Kaffeehaus-Stuhl 214 von Thonet. Und da dieses einzigartige Modell zu einem Synonym für die Bestuhlung in Kaffeehäusern allerorten geworden ist, lohnt es, sich einmal näher damit zu beschäftigen.

Wie so oft, steht auch hier eine Anekdote am Anfang der Geschichte. Sie spielt im Jahre 1889 während der Weltausstellung in Paris. Zu diesem Zeitpunkt sollte das Restaurant im soeben fertiggestellten Eiffelturm mit Stühlen der Firma Thonet eingerichtet werden. Die Möbelpacker waren gerade voll bei der Sache, als aus Unachtsamkeit einer der Stühle aus 57 Metern von der ersten Plattform des Bauwerks zu Boden stürzte. Erstaunlicherweise hatte das Malheur keine Folgen – der Thonet blieb unbeschädigt.

Auf Biegen ohne Brechen

Ob die Erzählung nun stimmt oder nicht, ist eigentlich unerheblich. Denn tatsächlich begann die Erfolgs-Story des künftigen Kaffeehaus-Stuhls wesentlich früher. Seit 1830 hatte der Tischlermeister Michael Thonet bereits an einem neuartigen Verfahren für die Holzbearbeitung gearbeitet. Nach zahlreichen Versuchen gelang es ihm, Massivholz mit Hilfe von Wasserdampf durch Biegen in Form zu bringen. Damit war der Weg frei, Möbel nach dieser bislang unbekannten Methode herzustellen.

Das Glück meinte es gut mit dem Erfinder. Auf einer Ausstellung, die auch Fürst von Metternich besuchte, wurde der prominente Adelige auf die Innovation aufmerksam und veranlasste den Tischler, 1842 seine Produktion nach Wien zu verlagern. In der Hauptstadt sprach sich die neue Art der Möbelfertigung schnell herum, so dass der Betrieb gut ins Geschäft kam. Als 1850 das erste große Kaffeehaus in Wien die Firma Thonet mit der Lieferung des Stuhl-Modells Nr. 4 beauftragte, war der Markterfolg nicht mehr aufzuhalten.

Start frei für einen Beststeller

Der ganz große Wurf gelang Michael Thonet anno 1859 mit der Präsentation des *Consumstuhls Nr. 14*, der als Kaffeehaus-Stuhl zum internationalen Bestseller und allein bis 1930 über 50 Millionen mal in alle Welt verkauft wurde. Bis heute ist dieser Prototyp des Industrie-Designs der meistverkaufte Stuhl aller Zeiten. Und das, obwohl der beliebte Thonet-Stuhl lediglich aus sechs Einzelteilen, zwei Muttern und zehn Schrauben bestand.

Trotz dieser simplen Konstruktion bestach das Möbel damals wie heute durch seine klare Formsprache und die dezente Eleganz. Dazu kam der günstige Preis.

Denn im Bugholz-Verfahren wurde weniger Material gebraucht, so dass sich die Produktion mit weniger Aufwand und geringeren Kosten realisieren ließ. Das Original 214 wird übrigens unverändert heute noch von Thonet hergestellt. Damit ist das Unternehmen die älteste familiengeführte Möbelfirma weltweit.

Der berühmte Designer Le Courbusier brachte seine Anerkennung für den Thonet-Kaffeehausstuhl folgendermaßen zum Ausdruck: „Noch nie ist Eleganteres und Besseres in der Konzeption, Exakteres in der Ausführung und Gebrauchstüchtigeres geschaffen worden.“

Auf der Duftspur der Gesetzesbrecher

Immer der Nase nach. Die von Friedrich dem Großen eingesetzten Kontrolleure mussten nicht nur genau hinsehen, sondern auch über einen feinen Riecher verfügen.

Als sich das Kaffeetrinken während des 18. Jahrhunderts im gemeinen Volk immer mehr wie eine Sucht ausbreitete, reichte es Seiner Majestät. Der Preußen-König machte Nägel mit Köpfen und verbot kurzentschlossen seinen Untertanen den Kaffeegenuss. Sich persönlich und den Adel nahm er von dem Verbot aus, denn Friedrich II gönnte sich oft und gern selbst ein Tässchen des köstlichen Orient-Getränks. Aber die zunehmenden wirtschaftlichen Nachteile durch die extrem angestiegene Kaffee-Einfuhr ließen den Monarchen nicht ruhen. War es nicht höchst unpatriotisch, Geld im Ausland für den Einkauf eines teuren Luxusgutes auszugeben, anstatt es im eigenen Land für heimische Getränke zu verwenden? Friedrich der Große appellierte daher an die Bevölkerung, doch lieber bei der gewohnten Biersuppe zu bleiben, zumal die Brauereien bereits über spürbare Umsatzeinbußen klagten.

Contra aus dem Volke

Doch der Aufruf verhallte ungehört. Auch als der Herrscher zu drastischen Maßnahmen griff, die Einfuhrzölle merklich erhöhte und eine Extra-Steuer auf Kaffeebohnen erhob, hatte dies wenig Einfluss auf das Verhalten der Bürger. Ganz im Gegenteil. Schnell entdeckten die Menschen den geldwerten Vorteil der wesentlich preisgünstigeren ungerösteten Bohnen und ließen sich daraufhin etwas einfallen.

Versteckt in Fuhren mit Holz, Kohle und Heu, sogar in Särgen kam die illegal eingeführte Schmuggelware beispielsweise aus Hamburg nach Berlin, wo sie von Marktfrauen in eigens dafür angefertigten Brustbinden und eingenähten Taschen weiter zum Abnehmer geschafft wurde. Die Kunden hatten vorgesorgt und rösteten die Bohnen einfach in Eigenregie.

Königliche Detektive im Einsatz

Gut vorstellbar, dass der König darüber nicht erfreut war, sondern in seinem Palast einen Wutanfall bekam. Mit Konsequenzen, die das widerspenstige Volk endlich disziplinieren sollten. Am 21. Januar 1781 erließ Friedrich ein privates Kaffee-Rostverbot. Wer beim ungesetzlichen Tun erwischt wurde, musste mit einer Strafe rechnen. Damit lag ab sofort das gesamte Kaffeegeschäft vom Import über die Röstung bis zum Verkauf in der Zuständigkeit des Staates, der das willkommene Privileg umgehend für eine kräftige Preiserhöhung nutzte. Sehr zum Unwillen der großen Kaffee-Fangemeinde in der Bevölkerung.

Natürlich galt es, das neue Röst-Dekret auch umzusetzen, denn es sollte nicht zu einem stumpfen Schwert verkommen. Zu diesem Zweck schwärmten königliche Kaffee-Schnüffler aus, um Gesetzesbrecher ausfindig zu machen und die widerrechtlich angeschafften Vorräte zu konfiszieren. Bei der Ausübung ihrer Aufgabe gingen die Detektive nicht zimperlich vor.

Ohne Vorwarnung stürmten sie Wohnzimmer und Küchen verdächtiger Personen, durchstöberten Vorratsschränke und waren sich auch nicht zu schade, den Damen bei ihrem nachmittäglichen Plausch unter Freundinnen in die Tassen auf dem gedeckten Tisch zu schauen. Selbst das Schnuppern an der Kleidung und das Abtasten von Frauen waren ausdrücklich erlaubt. Denn das intensive Röstaroma des Kaffees setzte sich in Anziehsachen und Haaren fest und führte so die verhassten Kontrolleure nach einer ausgiebigen Riechprobe auf die richtige Spur.

Der Aufwand lohnte nicht

Auch wenn Kaffeetrinken von nun ab eine riskante Angelegenheit war: Der große Erfolg der königlichen Strafaktionen blieb aus. Der Schmuggel blühte weiter. Denn niemand wollte freiwillig den völlig überteuerten Kaffee aus den staatlichen Röstereien kaufen. Aber der Alte Fritz gab nicht klein bei. Erst unter seinem Nachfolger, Friedrich Wilhelm II, fiel das Kaffeemonopol. Und die gut bestallten Kaffee-Schnüffler wurden arbeitslos. Letztendlich hatte sich der Schaden, der durch den intensiven Schmuggel entstanden war, als derart groß erwiesen, dass keine Luxussteuer ihn hätte ausgleichen können.

Land & Leute

Bergisch tafeln

Beim „Koffiedrenken met allem dröm on dran“ wurde im Bergischen Land seinerzeit alles aufgetischt, was die Speisekammer hergab. Es versteht sich, dass diese üppige Tafel allein schon aus Kostengründen nur zu festlichen Anlässen wie Hochzeit oder Taufe zum Einsatz kam. Im Übrigen war diese besondere Art des Kaffeetrinkens für den jeweiligen Gastgeber auch eine gute Gelegenheit zu zeigen, was er zu bieten hatte. So diente der reich gedeckte Tisch gleichzeitig als Wohlstandssymbol.

Aufstieg und Niedergang

Wie die Chronik berichtet, geht der Ursprung der bergischen Tradition bis ins 18. Jahrhundert zurück. Etliche Jahrzehnte später um 1900 verlagerte sich der Brauch aus dem Privatbereich zunehmend in die gewerbliche Gastronomie, die von dem beginnenden Tourismus profitierte. Ausflüge in die Umgebung kamen groß in Mode, denn mit der Eisenbahn war man schnell am Ziel. Immer mehr Stadtbewohner fuhren hinaus ins Bergische Land, um dort Ruhe und Erholung zu genießen. Die Gastwirte reagierten auf den neuen Besucherandrang rasch und geschäftstüchtig. Überall wurde in Annoncen und auf Hinweisschildern mit ausgiebigen Kaffeemahlzeiten geworben.

Bis zum Ausbruch des Zweiten Weltkrieges hatte sich der Begriff der Bergischen Kaffeetafel in der Öffentlichkeit etabliert, verschwand dann aber wieder auf den Karten von Restaurants und Cafés.

Zurück im kulinarischen Leben

Fast schien es, als sei die Spezialität aus dem Bergischen für immer in Vergessenheit geraten. Glücklicherweise ein Trugschluss. 1963 weckte das Niederbergische Museum in Wülfrath die Bergische Kaffeetafel aus dem Dornröschenschlaf und sorgte mit professionellem Marketing für eine kulinarische Renaissance. Seitdem ist das Kaffeetrinken auf Bergische Art zu einem festen Bestandteil regionaler Bewirtungskultur geworden. Wer seinen Gästen etwas Besonderes servieren möchte, lädt sie in eines der zahlreichen Traditionslokale zur Bergischen Kaffeetafel ein. Natürlich mit dem vorsorglichen Rat, gehörig Appetit und viel Zeit mitzubringen. Denn bis sämtliche Speisen durchprobiert sind, vergehen meistens Stunden.

Jede Menge Köstliches

Um es klar zu sagen: Eine Bergische Kaffeetafel ist nichts für den kleinen Hunger zwischendurch. Dies erklärt ein Blick in die umfangreiche Zutatenliste. Dazu gehören Schwarzbrot, Rosinenstuten und Burger Brezeln. Waffeln frisch mit dem Eisen gebacken, Sahne und heiße Sauerkirschen. Außerdem Marmelade, Honig,

Sirup aus Zuckerrüben sowie Apfel- und Birnenkraut. Ebenso darf eine Schüssel mit Milchreis, gewürzt mit Zimt und Zucker, nicht fehlen.

So viel Süßes braucht etwas Deftiges als geschmackliches Gegengewicht. Wurst, Käse und ein Rührei stehen für die herzhaften Komponenten dieser Mahlzeit im XXL-Format. Der Kaffee stammt selbstverständlich aus der Dröppelmina, der typischen Kranenkanne der bergischen Heimat. Und da ein Schnäpschen bekanntlich gut für die Verdauung ist, bildet ein Aufgesetzter oder ein Korn aus einer Brennerei in der Nähe den bekömmlichen Abschluss jeder Bergischen Kaffeetafel.

Ziemlich bedröppelt

Wenn sich die Gesellschaft um die Bergische Kaffeetafel versammelt, ist Geduld gefragt. Denn die Dröppelmina, wie die bauchige ‚Koffekann' seit jeher in der Region genannt wird, nimmt sich Zeit, um die Tassen mit dem duftenden, dampfenden Getränk zu füllen.

Dies macht sie nicht, um die kaffeedurstigen Gäste zu ärgern. Die Langsamkeit liegt in der Tücke der Konstruktion. Gefertigt meist aus Zinn, steht die Kranenkanne auf drei Füßen und lässt den Kaffee aus ihrem Zapfhahn fließen. Allerdings ergibt sich bereits nach dem ersten Aufdrehen des Ausgusses ein Problem: Der verbleibende Kaffeesatz hat das Kränchen verstopft, die Flüssigkeit dröppelt nur noch spärlich. Denn Filter waren seinerzeit noch unbekannt. Dieser Umstand und die rundliche Form, die an ein Hausmädchen mit dem im 19. Jahrhundert gebräuchlichen Rufnamen Mina erinnert, gaben der Kaffeekanne ihre einprägsame Bezeichnung.

Mit Liebe und Sorgfalt zubereitet

Vermutlich kamen die ersten Modelle schon im 18. Jahrhundert aus Holland nach Norddeutschland und ins Bergische Land, wo sie rasch zum Mittelpunkt auf dem gedeckten Tisch wurden. Die Zubereitung des beliebten Heißgetränks war damals jedoch noch mit Zeit und Aufwand verbunden. Zunächst musste der Kaffee von Hand fein gemahlen und mit heißem Wasser aufgebrüht werden. Danach füllte die Hausfrau den Kaffee in die Kanne, unter die vorsorglich ein Stövchen gestellt wurde. Schließlich sollte der Inhalt während des Tafelns möglichst warm bleiben.

Auch wenn die dröppelnde Mina im Laufe des technischen Fortschritts von modernen, praktischeren Varianten abgelöst wurde, hat dies ihrer Beliebtheit in keiner Weise geschadet. Bis heute ist sie die ungekrönte Königin beim Bergischen Koffiedrenken met allem dröm on dran.

Alles Schwindel

Die Zeitreise bringt uns ins 19. Jahrhundert auf die nordfriesische Insel Nordstrand. Dort führte Pastor Georg Bleyer ein strenges Regiment gegen Sünde und Ungehorsam. Wehe dem Schäfchen in seiner Gemeinde, das beim Übertreten der Gebote erwischt wurde. Ein kirchliches Donnerwetter war ihm sicher.

Der Trick mit dem Sahnehäubchen

So gehörte es zu den ungeschriebenen Gesetzen, in Gegenwart des unnachsichtigen Herrn keinen Alkohol zu trinken. Ein Brauch, der allerdings bei der siebten Kindstaufe des Bauern Peter Johannsen listig umgangen wurde. Die cleveren Nordstrander brühten einen starken Kaffee auf, süßten ihn kräftig mit Würfelzucker, gaben einen tüchtigen Schuss Rum hinzu und krönten das Ganze mit einer üppigen Sahnehaube, die verhindern sollte, dass einerseits der Schnaps verdunstete. Und andererseits der harmlos scheinende Kaffee verräterisch nach Alkohol roch. Unnötig zu sagen, dass der Pastor natürlich seinen Kaffee ohne Schuss bekam.

Doch vergebens. Als der Gottesmann dann doch die Sünde der Gemeindemitglieder entdeckte, soll er gerufen haben: „Oh, ihr Pharisäer!“ Auf diese Weise erhielten die Friesen nicht nur ein süffiges Nationalgetränk, sondern dazu auch noch einen geistreichen Namen.

Das Rezept

Für 2 Portionen

Die Zutaten

250 ml heißer starker Kaffee
60 ml Rum
50 g steif geschlagene Sahne
4 Stück Zucker
Heißes Wasser zum Vorwärmen

So wird's gemacht:

Zwei Tassen mit heißem Wasser füllen. Den Rum in einem Topf leicht erwärmen. Das Vorwärm-Wasser abgießen, jeweils zwei Stück Würfelzucker in die Tassen geben, den Kaffee einschenken. Den warmen Rum dazu, die Sahne auf dem Getränk verteilen und sofort servieren.

Auf globaler Kaffeefahrt

Alle Welt trinkt Kaffee. Nur wie sie das macht, ist unterschiedlich. Denn die Geschmäcker sind von Land zu Land verschieden. Lassen wir uns doch einfach mal ein paar Schlückchen grenzüberschreitend auf der Zunge zergehen.

Unsere französischen Nachbarn frühstücken bekanntermaßen frugal. Zum obligatorischen Croissant wird der *café au lait* serviert, der jeweils zur Hälfte aus Milch und Kaffee besteht. Das Getränk kommt in einer henkellosen Schale im Maxi-Format auf den Tisch, die hierzulande von der Größe her gut und gerne als Müsli-Gefäß herhalten könnte. Jedenfalls bietet sie Platz genug, um das Gebäck bequem einzutunken. Natürlich bekommt man auch in Frankreich eine normale Tasse Kaffee, wenn man will. Dann sollte man beim Garçon einen *grand café* oder einen *café double* bestellen.

In Italien erntet man verwunderte Blicke und outet sich sofort als unkundiger Tourist, sollte man auf die Idee kommen, nach dem Mittagsmahl oder Abendessen etwas anderes zu trinken als schwarzen Kaffee pur. Zeit für den Espresso. Ein Cappuccino oder eine andere Kaffeeköstlichkeit mit Milch gehören in den Vormittag. Basta!

Heiß geliebt in Übersee

Im Mutterland des Kaffees ist Muße gefragt, denn in Äthiopien wird das Kaffeetrinken richtiggehend zelebriert. Während der *jebena buna* gehört es zur guten Tradition, mindestens drei Tassen mit schwarzem Kaffee zu leeren. Der Aufwand bei der Vorbereitung verdient diesen Respekt allemal. Denn vor der Zeremonie werden die benötigten Kaffeebohnen gewaschen, über dem Feuer geröstet und von Hand gemahlen. Das Kaffeepulver kommt dann in die sogenannte *jebena*, eine spezielle Kanne aus Lehm, wird mit Wasser aufgefüllt und aufgekocht.

Ein Abstecher in die USA bringt uns in das Land, in dem die Fans von Süßigkeiten zu Hause sind. Auch wenn der Kaffee meist als „to go“ in Wegwerf-Bechern für unterwegs geschüttet wird, so haben auch diese eiligen Varianten eines gemeinsam: Sie schmecken unglaublich süß. Ob mit Sirup oder Sahne, mit Caramel, Vanille oder Chocolate – der Appetit der Amerikaner auf Sweet & Candy kennt auch beim Kaffeetrinken keine Grenzen.

Ein Zug – und weg ist er. Drei Eigenschaften machen das Besondere am brasilianischen *Cafezinho* aus: Er ist sehr stark, sehr heiß und wird aus extra kleinen Tassen getrunken, die mit einem Schluck geleert sind. Außerdem gehört der *Caffè Americano* zu den Heißgetränken, die in Südamerika geschätzt und geliebt werden. Dabei handelt es sich um einen Espresso, den man ganz nach Geschmack mit Wasser oder Spirituosen verlängert.

Aber bitte mit Sahne

Zurück in Deutschland empfängt uns die Kaffee-und-Kuchen-Kultur, die typisch für unsere Heimat ist. Von dem Brauch, vornehmlich am Sonntagnachmittag Freunde und Bekannte zum Klönen einzuladen, leitet sich der beliebte Kaffee-Klatsch ab. Wie schön, zu Hause in geselliger Runde ein Stück Sahnetorte zu schlemmen, einen guten Bohnenkaffee zu genießen und dabei die neuesten Nachrichten auszutauschen. Mit einem Wort: Kaffeeklatsch! Besser kann man solch ein genussreiches Plauderstündchen nicht beschreiben.

So lieben es die Iren

Nicht nur im Herkunftsland erfreut sich der *Caife Gaelach* großer Beliebtheit. Auch jenseits der Grünen Insel ist die köstliche Kaffee-Spezialität hoch willkommen und hat inzwischen als Irish Coffee fast die ganze Welt erobert.

Der süffige Hot Drink wurde nachweislich in den 1940er Jahren von Joe Sheridan erfunden. Der Chef eines Restaurants im damaligen Flughafen Foynes im Westen Irlands kam seinerzeit auf die grandiose Idee, Passagieren einen außergewöhnlichen Kaffee zu servieren, um ihnen das Warten auf den Weiterflug nach Übersee zu versüßen. Zu diesem Zweck gab er einen Schuss Whiskey in ein Glas mit gezuckertem Kaffee und krönte das Ganze mit einem Sahnehäubchen.

Joe Sheridans Kreation wäre allerdings kein internationaler Bestseller geworden, hätte das Café Buena Vista in San Francisco 1952 nicht das Rezept aufgegriffen und den Irish Coffee neu aufgelegt. Ein echter Glücksfall, der dem Pulitzerpreisträger Stanton Delaplane zu verdanken ist. Bei einem Besuch hatte der Journalist dem Kaffeehaus-Besitzer Jack Koeppler von der irischen Kaffee-Variante erzählt. Seine Begeisterung muss den Buena-Vista-Mann wohl angesteckt haben. Denn Jack Koeppler setzte sich kurzentschlossen in einen Flieger nach Irland, um persönlich alles über die Zutaten und die richtige Mischung zu erfahren. Sein Gespür gab Jack Koeppler Recht. Der neue Kaffee entwickelte sich zu einem Lieblingsgetränk der Gäste, was dazu führte, dass lange Zeit das berühmte Café in Frisco als Geburtsort des Irish Coffee galt. Mittlerweile sind die wahren Umstände geklärt. Das Original wird nun dort verortet, wo es hingehört: Auf die Grüne Insel.

Das Rezept

Die Zutaten
für 2 Gläser

200 ml starker Kaffee
60 ml Schlagsahne
8 cl Whiskey
4 TL brauner Zucker

So wird's gemacht:

Zucker und Whiskey unter Rühren bei milder Hitze erwärmen, bis sich der Süßstoff komplett aufgelöst hat. Beiseite stellen. Die Schlagsahne mit dem Schneebesen cremig, aber nicht steif schlagen.
Kaffee aufbrühen, in die Gläser füllen. Jeweils die Hälfte des Whiskey-Sirups hinzugeben, das Ganze mit Sahne toppen.

Ein Schlückchen Türkentrank

Süß muss er sein und nach traditioneller Art zubereitet werden. Schließlich handelt es sich beim Türkischen Mokka um die ursprünglichste Art des Kaffeebrühens. Dabei wird das Kaffeepulver in das Ibrik gegeben und mit Wasser aufgefüllt. Dann stellt man das stilechte langstielige Mokka-Kännchen aus inwändig verzinntem Kupfer oder Messing auf eine Feuerstelle, wo es langsam Kochtemperatur erreicht. Früher im Sandbett in der Glut erhitzt, kommen heute die heiße Herdplatte oder die Flamme eines Gaskochers zum Einsatz. Seit 2013 gehört die türkische Kaffeekultur zum UNESCO-Weltkulturerbe.

Variationen von herb bis süß

Die Bezeichnung Mokka weist auf die jemenitische Hafenstadt al-Mucha am Roten Meer hin, von der aus im 15. Jahrhundert der äthiopische Kaffee als Coffee arabica in alle Welt verschifft wurde. Einen weiteren Schub erfuhr der Mokka unter den Osmanen. Von der Türkei aus verbreitete sich das beliebte Getränk im gesamten damaligen Herrschaftsgebiet. Mit leichten Abweichungen zwischen den arabischen, türkisch/griechischen und balkanesischen Varianten.

So wird zum Beispiel der arabische Mokka ohne Zucker serviert, stattdessen wahlweise mit Kardamom, Zimt oder Nelken gewürzt. Auf dem Balkan trinkt man den Mokka nach Geschmack wenig bis stark gesüßt; oft gibt es dazu extrem zuckerhaltiges Gebäck oder Konfekt wie den Türkischen Honig, wodurch das herbe Aroma des Kaffees spürbar abgeschwächt wird.

Die Österreicher lieben ihren Mokka dagegen schwarz, ohne Zucker und Milch. Deshalb kommt in den Kaffeehäusern des Landes ein Espresso in die Tasse und kein Mokka im klassischen Sinn.

Europa mag es köstlich

Wie einfallslos, auf einer Reise durch Europa im Restaurant einfach einen Kaffee zu ordern. Denn in etlichen Ländern stehen exklusive Spezialitäten auf den Getränkekarten, die sich Besucher aus nah und fern nicht entgehen lassen sollten.

Die folgende Auswahl ist dazu gedacht, Appetit aufs Probieren zu machen.

Kaffee-Vielfalt aus Österreich

Biedermeier:	Mit einem Schuss Marillenlikör und Sahne
Großer Brauner:	Doppelter Espresso mit Milch
Kleiner Brauner:	Einfacher Espresso mit Milch
Einspänner:	Starker Kaffee im Glas mit reichlich Schlagobers
Fiaker:	Großer Mokka mit Zucker, 2 cl Rum und einer Sahnehaube
Melange:	Jeweils zur Hälfte Kaffee und Milch, meist mit ein wenig Milchschaum
Zarenkaffee:	Wie die Melange mit einer Haube aus gezuckertem, verquirltem Eigelb
Mokka:	Kräftiger Kaffee ohne Milch
Großer Schwarzer:	Doppelter Mokka
Kleiner Schwarzer:	Einfacher Mokka
Verlängerter:	Ein Mokka, der mit der doppelten Menge Wasser zubereitet wird.

Italien in delikater Mischung

Caffé Coretto:	Espresso mit Grappa oder anderen Spirituosen
Caffé Latte:	Milchkaffee
Cappuccino:	Je ein Drittel Espresso, heiße Milch und Milchschaum
Doppio:	Doppelter Espresso
Espresso:	Starker Kaffee ohne Milch und Zucker in kleinen Tassen
Latte Macchiato:	Warme Milch, aufgefüllt mit einem Espresso
Lungo:	Espresso, bei dem mehr Wasser verwendet wird.
Ristretto:	Espresso mit sehr wenig Wasser.

Spezielles von anderswo

Frankreich

Café au lait:	Milchkaffee
Café Creme:	Ähnlich dem Cappuccino

Schweiz	
Kaffee créme:	Kaffee mit Sahne
Luzerner Kafi:	Dünner Kaffee mit Zucker und Träsch, einem Obstler
Spanien	
café solo:	Schwarz pur
cortado:	Mit gesüßter Kondensmilch
café con leche:	Milchkaffee
Griechenland	
Café frappé:	Kalt aufgeschäumter Instantkaffee mit Eiswürfeln und Zucker, aber ohne Milch.
Griechischer Kaffee:	Zwei- bis dreifach aufgekochter Kaffee

Gute Idee

Perfekt gelöst

Der Wunsch nach einer schnellen Tasse Kaffee ließ sich lange Zeit nicht erfüllen. Allein das Filtern dauerte eine ganze Weile. Aus diesem Grund horchte die Fachwelt auf, als der Franzose Alphonse Allais 1881 unter der Patent-Nummer 141520 eine geniale Erfindung anmeldete. Erstmals rückte die Möglichkeit, einen löslichen Kaffee zuzubereiten, in greifbare Nähe. 1890 folgte ein weiteres Patent, mit dem der Neuseeländer David Strang aus Invercargill sein Instant-Produkt unter der Bezeichnung Strang's Coffee in den Handel brachte. Zuschreibungen, die dem japanischen Wissenschaftler Satori Kato aus Chicago die neue Innovation um 1901 anrechnen, sind damit widerlegt. Bis der Schnellkaffee Eingang in die industrielle Fertigung fand, sollten allerdings noch einige Jahre vergehen. Erst 1938 machte die Schweizer Firma Nestlé mit dem Nescafé die Instant-Variante zu einem weltweiten Verkaufshit.

Auf eine kurze Formel gebracht, handelt es sich um einen getrockneten Kaffee-Extrakt, der sich durch das Aufgießen mit heißem Wasser sofort löst und in ein Getränk verwandelt. Abgesehen von dem geringeren Koffein-Gehalt, der im Vergleich zum Bohnenkaffee um die Hälfte reduziert ist, unterscheidet sich ein Instant in Geschmack und Konsistenz kaum von einem Kaffee, der auf konventionelle Weise produziert wird.

Zwei Methoden zur Trocknung

Wahlweise kommen zur Herstellung eines löslichen Kaffees die Sprüh- oder die Gefriertrocknung zur Anwendung. Bei der Sprühtrocknung wird dem Kaffee-Extrakt mit Hilfe heißer Luft das Wasser entzogen. Bei dieser Verdampfung entsteht ein besonders feines Kaffee-Pulver, wie es beispielsweise beim löslichen Cappuccino geschätzt wird.

Die Gefriertrocknung funktioniert auf andere Weise. Zunächst wird der Extrakt mit Luft aufgeschäumt, dann auf etwa -5°C abgekühlt und anschließend auf einem Gefrierband bis auf -50°C tiefgefroren. Danach kommt die Substanz in einen Kaltraum, wird gemahlen, gesiebt und in einen Vakuumtrockner gefüllt, um das geeiste Kaffeepulver zu entwässern. Was übrig bleibt, ist der fertige Instant-Kaffee.

Eine coole Idee aus Griechenland

Übrigens bietet der flotte Schnelle nicht nur als Heißgetränk überzeugende Vorteile. Auch kalt lässt sich der Lösliche hervorragend im *Café frappé* verwenden. Dieses beliebte Sommergetränk stammt ursprünglich aus Griechenland, wo es eigentlich durch Zufall von Dimitrios Vakondios 1957 während einer Messe kreiert wurde. Damals fehlte dem Mann das heiße Wasser, um sich einen Instant-Kaffee zuzubereiten. Um einen Einfall nicht verlegen, füllte er das sprühgetrocknete

Pulver mit kaltem Wasser, Zucker und einigen Eiswürfeln in einen Shaker, schüttelte die Mischung kurz durch und fertig war der neuartige Eiskaffee.

Heute gelingt die Zubereitung in einem Milchaufschäumer ganz einfach und schnell. Wer möchte, kann den Mix zusätzlich mit Kondensmilch oder Sahne sowie einem Schuss Likör geschmacklich aufrunden.

Reine Wohltat auch für den Magen

Und noch eine Erfindung machte von sich reden: Am 21. Juni 1906 gründete der Bremer Ludwig Roselius mit einem Kapital von 1,5 Millionen Mark die Kaffee-Handels-Aktiengesellschaft, die als erstes Unternehmen in der Lage war, Kaffee ohne Koffein herzustellen. 1907 wurde die Produktion der magenfreundlichen Variante unter der Marke ‚Kaffee HAG' aufgenommen. Um das neue entkoffeinierte Erzeugnis schnell bekannt zu machen und das Kaufinteresse der Leute zu wecken, setzte die Firma auf modernes Marketing. So wurde die Innovation bereits in den Stummfilmen der Zeit beworben mit Slogans wie „Stahlharte Nerven durch Sport und Kaffee HAG" oder „Immer unschädlich! Immer bekömmlich!".

Übrigens: Eigentlich haben wir die entkoffeinierte Version Johann Wolfgang von Goethe zu verdanken, der sich bekanntermaßen auch intensiv mit naturwissenschaftlichen Themen befasste. So veranlasste er eines Tages seinen Freund Friedlieb Ferdinand Runge, doch einmal zu versuchen, Kaffeebohnen zu destillieren. Der chemiekundige Apotheker folgte der Aufforderung und entdeckte auf diese Weise das Koffein - den Wirkstoff, der den Kaffee auf so wunderbare Weise anregend macht.

Der richtige Dreh

Wer Kaffee trinken will, kommt nicht umhin, die Bohnen irgendwie zu zerkleinern. Diese Erfahrung machten die Menschen bereits vor Tausenden von Jahren beispielsweise in Mesopotamien. Hier wurden die ersten steinernen Handmühlen aus der Zeit um 3700 v. Chr. gefunden. Auch im antiken Rom setzte man bereits Mörsermühlen mit Handkurbeln ein. Ein enormer Fortschritt gegenüber den ursprünglichen Methoden, die Bohnen mit Hilfe von zwei Mahlsteinen oder mit Mörser und Stößel zu bearbeiten.

Mühsam, aber wirkungsvoll.

Als der Kaffee vor rund 500 Jahren über Händler aus dem Orient nach Europa gelangte, wurden die Verfahren weiter verbessert. Denn die Leute erkannten schnell: Je feiner gemahlen, desto aromatischer der Geschmack. Allerdings sollte es noch einige Zeit dauern, bis die Mahlwerke der Mühlen wirklich tadelloses Kaffeemehl lieferten. Die erste Beschreibung einer Kaffeemühle aus europäischer Fertigung stammt aus dem beginnenden 18. Jahrhundert. Das Ur-Modell besaß eine Handkurbel und ein praktisches Schubfach, in dem das Kaffeepulver aufgefangen wurde. Außerdem gehörte ein Einfüll-Trichter für die gerösteten Bohnen dazu.

Kaffee-Mahlen war trotzdem nach wie vor ein Kraftakt. Die Mühle unter den Arm oder zwischen die Beine geklemmt, musste die Hausfrau von damals ganze Arbeit leisten. Aus diesem Grund erfreuten sich die Ausführungen, die an der Wand befestigt oder mit einer Schraubzwinge an der Tischplatte fixiert werden konnten, großer Beliebtheit.

Ein Schmuckstück für die Küche

Im Laufe der Zeit wandelten sich die nützlichen Helfer zu aufwendig gestalteten Objekten aus edlem Holz oder Porzellan, oft mit feinen Ziselierungen und Messingbeschlägen im Stil der jeweiligen Epoche verziert. Auf diese Weise wurden die ganz gewöhnlichen Gebrauchsgegenstände zu dekorativen Hinguckern in jeder Küche. Diese attraktiven Mühlen aus dem Biedermeier, der Gründerzeit und dem Jugendstil sind heute bei Sammlern sehr begehrt und werden zu hohen Preise gehandelt.

Mahlwerke im Wandel der Zeit

Zunächst waren die Kaffeemühlen der ersten Generation mit einem einfachen Mahlwerk aus zwei gegenläufig drehenden Scheiben aus Sandstein oder Metall ausgestattet. Die Erfindung des wesentlich schonender arbeitenden Kegelmahlwerks kam einer technischen Revolution gleich, die ein deutlich gleichmäßigeres Ergebnis lieferte, aber leider mit vergleichsweise langsamer Geschwindigkeit.

Der Nachfolger konnte in dieser Hinsicht mehr Leistung bieten. Die modernen Walzenmahlwerke waren nicht nur in der Lage, einen enormen Durchlauf zu ermöglich, sondern zeichneten sich zudem im Gegensatz zu den vorhergehenden Methoden durch eine geringe Reibungswärme aus, die beim Kaffee-Mahlen normalerweise entsteht. In dieser Beziehung waren sie übrigens auch den elektrisch betriebenen Kaffeemühlen überlegen, die in den 1980er Jahren in vielen deutschen Haushalten Verwendung fanden. Bei dieser preisgünstigen Variante wurden die Bohnen in einem geschlossenen Behälter mit rotierenden kleinen Messern zerschlagen. Unglaublich laut und im Resultat hinsichtlich Qualität, Feinheit und Aroma nicht sonderlich überzeugend.

Nachdem der vakuumverpackte, gemahlene Kaffee den Markt erobert hat, gelten die traditionsreichen Mühlen als Auslaufmodell, abgelöst von den modernen Maschinen, die auf Knopfdruck Kaffeegenuss in zahlreichen Varianten zubereiten. Dennoch bleiben die nostalgischen Kaffeemühlen unvergessen. Denn sie haben die Zubereitung unseres Lieblingsgetränks ein Stück weit einfacher und bequemer gemacht.

Zu Hause in der Kaffeemühle

Kein Scherz. In den sogenannten Kaffeemühlen-Häusern lässt es sich vortrefflich wohnen. Die oft mehrgeschossigen Gebäude mit der typisch markanten Würfelform und nahezu quadratischem Grundriss wurden vornehmlich zwischen 1880 und 1930 in zahlreichen Städten in Deutschland errichtet – unter anderem in Dresden, Radebeul und Hamburg, aber auch im oberbayerischen Penzberg. Die großen Grundstücke, gepflegte Vorgärten und reich verzierte Fassaden mit floralem Jugendstil-Dekor sorgten nicht nur bei den Ein- und Zweifamilienhäusern für einen repräsentativen Eindruck.

Ebenso konnten sich die Mietobjekte, die über vier Etagen den zu dieser Zeit dringend benötigten Wohnraum boten, durchaus sehen lassen. Aufgrund ihrer schmucken Optik häufig auch als Zinsvillen bezeichnet, entwickelten sie sich rasch zu begehrten Wohnadressen. Im Zweiten Weltkrieg wurden viele Kaffeemühlen-Häuser zerstört; einige überstanden den Bombenhagel jedoch und können noch heute vielerorts bewundert werden. Zum Beispiel halten sie im Dresdner Stadtteil Striesen die Erinnerung an eine außergewöhnliche Architektur aus vergangener Zeit wach und lebendig.

Ein Filter namens Melitta

Wer das Wort Kaffee-Filter hört, denkt unweigerlich an Melitta Bentz, die 1908 den ersten Einweg-Papierfilter mit passendem Halter entwickelte und seitdem als Namensgeberin für diese Produktgruppe insgesamt steht. Dabei wird außer Acht gelassen, dass die Methode des Kaffeefilterns viel länger zurückreicht. Und zwar bis ins 18. Jahrhundert.

Um den Kaffeesatz zurückzuhalten, kamen findige Köpfe der Zeit auf die Idee, Wasser und Kaffeepulver bereits beim Kochen zu trennen. Zu diesem Zweck wurde ein Trichter mit Leinenstoff ausgelegt, auf eine geeignete Kanne gesetzt, mit dem Kaffeemehl befüllt und darüber schubweise heißes Wasser geschüttet. Während die Flüssigkeit in das Gefäß tropfte, blieb der Rückstand im Trichter zurück.

Der Filterkaffee gewann rasch an Beliebtheit. Vielfältige Ausführungen entstanden im Laufe der Zeit, beispielsweise Spitztrichter aus Metall oder Porzellan mit Siebfunktion für den dauerhaften Gebrauch.

Mit Mut zur Marktführerschaft

Zurück zum Melitta-Filter. Den Anlass für die pfiffige Idee lieferte damals der alltägliche Ärger über den unschönen Kaffeesatz, der stets nach dem Trinken in der Tasse zurückblieb. Melitta Bentz sann auf Abhilfe. Mit handwerklichem Geschick begabt, durchlöcherte sie den Boden einer Blechdose mit Hilfe von Hammer und Nägeln, legte ein Löschblatt aus dem Schulheft ihrer Kinder hinein und siehe da: Das Konstrukt in Eigenbau versah seinen Zweck. Im selben Jahr erhielt die gebürtige Dresdnerin auf ihre Erfindung ein Patent.

Doch dies sollte nur der Anfang sein. Die geschäftstüchtige Hausfrau meldete mit 73 Pfennigen Startkapital ein Gewerbe an und gründete im ostwestfälischen Minden einen Betrieb, um ihre Innovation zu produzieren und zu vermarkten. Eine Entscheidung mit Mut und unternehmerischer Weitsicht, denn die Melitta-Firmengruppe entwickelte sich im Laufe der kommenden Jahre zu einem milliardenschweren Marktführer in ihrem Spezialsegment. Zu Recht. Denn im täglichen Gebrauch konnten die Melitta-Filter hinsichtlich der Qualitätsverbesserung des Kaffeegetränks punkten.

Feine Poren für feines Pulver

Der Vorteil im Vergleich zum Dauerfilter liegt in der Größe der Poren, die kleiner sind als 10 µm. Praktisch bedeutet das: Einwegfilter aus speziellem Papier können fein gemahlenes Pulver wesentlich besser durchseihen und auf diese Weise den Geschmack optimieren.

Aber es gab in den Anfangsjahren auch einen Nachteil. Damit die Kaffeekanne nicht überlief, musste man mehrfach Wasser nachgießen, wobei die erforderliche Menge nur geschätzt werden konnte. Denn genau ließ sich das korrekte Maß nicht berechnen, da die Filtergrößen bislang nur für mehrere Tassen angeboten wurden. So passierte es leicht, dass mit einem Filter, der beispielsweise für vier bis acht Tassen gedacht war, der Kaffee für sechs Tassen nicht optimal zubereitet werden konnte.

So viel Wasser wie nötig

Ein unbefriedigendes Ergebnis, das die Melitta-Werke mit der Entwicklung des IX-Systems in den 1960er Jahren erfolgreich in den Griff bekamen.

Die neuen Filtertüten verfügten über eine Größe, die es ermöglichte, die gesamte Wassermenge auf einmal aufzunehmen. Insgesamt brachte das Unternehmen fünf verschiedene Varianten auf den Markt, die exakt auf die benötigte Flüssigkeit für zwei, vier, sechs, acht und zehn Tassen ausgelegt waren.

Mit dem Aufkommen der Kaffeemaschinen verlor das System an Bedeutung. Heute sind eigentlich nur noch zwei Filtergrößen herstellerunabhängig gebräuchlich: Die Größe 2 für Handfilter, die Größe 4 für Kaffeemaschinen.

Fortschritt ex machina

Bis heute streiten sich die Experten, wer denn die erste Kaffeemaschine erfunden hat. Die Unstimmigkeiten sind verständlich, denn im 19. Jahrhundert gab es etliche Versuche, die Technik der Kaffee-Zubereitung zu verbessern. Zum Beispiel tüftelte der Blechschmied Joseph-Henry-Marie Laurens an einem Verfahren, das sich auf das Konzept von Benjamin Thompson stützte. Der Amerikaner hatte bereits 1812 den Vorläufer des späteren Perkolators erfunden. Sechs Jahre später stellte der Franzose seine Pariser Kaffeemaschine mit integriertem Steigrohr vor, die auf dem Herd bis zum Siedepunkt des eingefüllten Wassers erhitzt wurde. Eine andere Variante stammte von dem Berliner Hermann Eicke, der 1878 seine Kippdampfdruckkanne zum Patent angemeldet hatte. Dabei handelte es sich um einen metallenen Kaffeekocher, der auf einem Konstrukt aus Spiritusbrenner, Auffangkanne und dazu gehörigen Filtern montiert war.

Eine unerschwingliche Investition

Doch so richtig überzeugen konnten die Erfindungen alle nicht. Es wurde also weiter experimentiert. Ab 1910 kamen die ersten elektrisch betriebenen Geräte in den Handel. Eine bahnbrechende Innovation, aber leider sündhaft teuer und daher für die breite Bevölkerung unerschwinglich. Beispielsweise kostete eine versilberte elektrische Kaffeemaschine um 1930 fast die Hälfte des Lohns, den ein Arbeiter im Jahr verdiente. Den Hausfrauen der Zeit blieb nichts weiter übrig, als den Kaffee weiterhin nach der althergebrachten Methode aufzubrühen, wobei die neuen Melitta-Filtertüten bereits eine wesentliche Erleichterung und Qualitätsverbesserung darstellten.

Automatisch zur günstigen Lösung

Erst nach dem Zweiten Weltkrieg kam beim Kaffeekochen wieder Bewegung in den Fortschritt. 1954 ließ der Unternehmer Gottlob Widmann seinen *Wigomat* patentieren. Eine moderne Filterkaffeemaschine, die gegenüber dem bislang verbreiteten Perkolator-Prinzip den Vorteil einer geringeren Brühtemperatur bot. Aber es sollte noch zwanzig Jahre dauern, bis das Modell mit der praktischen Warmhalteplatte dank des günstigeren Anschaffungspreises den großen Durchbruch auch für Privathaushalte schaffte. Laut Statistik sollen über 70 Prozent aller Haushalte in Deutschland mit solch einem Gerät ausgestattet sein.

Kaffee-Spezialitäten auf Wunsch

Mittlerweile setzen stylische Designer-Stücke mit Kapsel- oder Pad-Funktion neue Akzente in Küche und Büro. Aber nicht allein die Optik lässt viele Kaffeeliebhaber zu den angesagten Ausführungen greifen. Denn diese liefern jederzeit ein gleichbleibend gutes, wiederholbares Qualitätsergebnis in wesentlich schnellerer Zeit als bisher. Der entscheidende Vorzug aber ist die Möglichkeit der perfekten Portionierung. Ideal für die rasche Tasse Kaffee am Morgen. Vor allem in den Single-Haushalten ein überzeugendes Argument, sich für solch ein hippes Gerät zu entscheiden, das außer hochwertigem Bohnenkaffee vollautomatisch Variationen mit Milchschaum und individuellen Geschmacksrichtungen zubereitet.

Abstecher nach Italien

Und dann gibt es noch die eingeschworene Gemeinde der Espresso-Fans, die für ihren Lieblings-Kaffee die klassische Maccinetta Napoletana einsetzen. Eine dreiteilige Aluminium-Gerätschaft aus einem Wasserbehälter und einer Kaffeekanne mit einem Sieb dazwischen, die manuell über einen Kolben unter Dampfdruck gesetzt wird.

Die Tradition reicht ins 19. Jahrhundert zurück. Damals kamen die meisten Arbeiter ohne Frühstück in die Fabrik und mussten, wenn der Magen knurrte, die Zeit bis zum Mittagessen überbrücken. Eine Tasse Kaffee hätte geholfen, das Hungergefühl abzuschwächen – doch die erforderliche Fünf-Minuten-Pause für das Brühen stand nicht zur Verfügung. Es galt also, einen Weg zu finden, die Herstellung einer Portion Kaffee deutlich zu beschleunigen. Mit seiner „neuen Dampfmaschine für die wirtschaftliche und sofortige Zubereitung von Kaffeegetränken“ gelang dem Turiner Angelo Moriondo 1884 ein entscheidender Schritt in die angestrebte Richtung. Auf diese Weise wurde der Espresso geboren. Ein Kaffee, der so rasch fertig ist wie ein Express-Zug fährt.

Unter Druck ein Kaffee auf die Schnelle

Im Laufe der Zeit wurde das Prinzip der Espresso-Maschinen weiter perfektioniert. 1906 präsentierte Luigi Bezzera auf der Mailänder Internationalen Messe eine neuartige Version mit einem Boiler und vier Brühgruppen mit unterschiedlich großen Siebträgern. 1938 folgte ein Weiterentwicklung, die den Grundstock für die moderne Espresso-Zubereitung legte: Etwas kochendes Wasser wird unter Druck durch feines Kaffeepulver gepresst, wobei Inhaltsstoffe und Aromen im Vergleich zu herkömmlichem Filterkaffee höher konzentriert und geschmacklich intensiviert werden.

Klatsch mit Tratsch

Leicht zu durchschauen

Manche Experten führen die Bezeichnung „Blümchenkaffee“ auf die Zeit des Importverbots Friedrich des Großen für arabischen Kaffee zurück, als das Getränk ersatzweise aus der blau blühenden Zichorie zubereitet wurde. Wahrscheinlicher aber ist die folgende Interpretation: In der bürgerlichen Gesellschaft des Biedermeier beschrieb der Begriff einen Kaffee, der so dünn aufgebrüht war, dass man die Blümchen auf dem Grund der Tasse sehen konnte.

Von Blumen und Schwertern

Anlass für diese Wortwahl gab der Streublumen-Dekor der Meißener Porzellanmanufaktur, der um 1815 entstand und sich gerade in Sachsen großer Beliebtheit erfreute. Auf dem Boden der Kaffeetassen befand sich eine einzelne Blume in Unterglasurmalerei, die leicht zu erkennen war, falls der Gastgeber aus Sparsamkeit etwas weniger Kaffeepulver verwendet hatte. Schließlich kostete das Luxusgut Kaffee damals eine Menge Geld.

Einen Schritt weiter geht der Terminus „Schwerterkaffee“ – ebenfalls auf das berühmte Meißener Porzellan bezogen. Hier meint der Volksmund einen extrem wässrigen Kaffee, bei dem sogar die Schwertermarke auf der Unterseite der Untertasse sichtbar ist. In der Praxis natürlich unmöglich, aber trotzdem sehr anschaulich formuliert.

War der Name „Blümchenkaffee“ noch scherzhaft gemeint, so gab es darüber hinaus auch abwertende Vokabeln für ein fades Getränk, das die Kennung „Kaffee“ eigentlich nicht verdiente. Etwa Lorke oder Plörre. Beide Ausdrücke stehen für eine Brühe, die nahezu ungenießbar ist.

Kaffeesatz-Lektüre

Mancher mag es als Unsinn abtun, die Zukunft aus dem Kaffeesatz deuten zu wollen. Im Orient denkt man über diese Form der Wahrsagung anders. Denn das Kaffeesatz-Lesen hat hier seinen Ursprung – genauer gesagt, in der jemenitischen Stadt Mocha. Von dort aus wanderte der Brauch weiter durch die arabische Welt und ist bis heute vor allem in der Türkei ein fester Bestandteil der Kultur.

Als in Europa die ersten Kaffeehäuser entstanden, wurde auch das Kaffeesatz-Lesen bekannt. Allerdings erreichte diese esoterische Spielart nie die Beliebtheit von anderen Orakel-Methoden wie Kartenlegen oder Astrologie.

Schritt für Schritt zum Ergebnis

Wie auch immer. Wer das Kaffeesatz-Lesen selbst einmal ausprobieren möchte, sollte einiges vorab berücksichtigen. Zunächst kommt es darauf an, den geeigneten Kaffee zu verwenden. Also keinen Filterkaffee, sondern einen traditionell zubereiteten Mokka, bei dem Pulver und reichlich Zucker mit kochendem Wasser aufgebrüht werden. Nur auf diese Weise bildet sich ein dickflüssiger Kaffeesatz auf dem Boden der Tasse. Ist der Kaffee ausgetrunken, legt man die Untertasse auf die Tasse, dreht beides auf den Kopf und wieder zurück. Der Rest, der dann in der Tasse zurückbleibt, ist der Stoff, aus dem sich das Schicksal erkennen lässt. Dazu braucht es jedoch einige Phantasie, um die Zeichen richtig auszulegen. Als kleine Hilfe beim Interpretieren der Symbole dient der folgende Leitfaden – natürlich ohne Gewähr, denn bei der Kaffeesatz-Lektüre sind Irrtümer und Fehleinschätzungen nicht ausgeschlossen:

Anker
Das Symbol für Stabilität und Halt im Leben steht für Hoffnung und Wohlstand.

Baum
Ein Zeichen für Gesundheit. Sind mehrere Bäume zu erkennen, könnte dies allerdings auf unglückliche Ereignisse hinweisen.

Berg
Gut, denn als Zeichen für Verlässlichkeit und Zusammenhalt zeigt der Berg starke Freunde an. Schlecht, wenn der Berg von Wolken umgeben ist. Dann droht Gefahr von mächtigen Feinden.

Blume
Je größer, desto besser die Aussichten auf Erfolg.

Brief
Nachrichten stehen ins Haus. Ob positive oder negative, bleibt abzuwarten.

Buchstabe
Wer den Anfangsbuchstaben eines Namens erkennt, kann davon ausgehen, dass die betreffende Person eine wichtige Rolle im eigenen Leben spielen wird.

Dreieck
Eine Richtungsänderung im Leben deutet sich an.

Ei
Zumeist ein Zeichen dafür, dass Geld oder Wohlstand zu erwarten sind.

Fisch
Das Leben befindet sich an einem Wendepunkt.

Flugzeug
Eindeutig: Bald geht es auf die Reise.

Frau
Irgendetwas mit Liebe läuft immer.

Haus
Steht das Gebäude oben auf dem Tassenboden, werden alle Unternehmungen gelingen. Befindet sich das Haus jedoch auf einer anderen Position, kann es Probleme mit Freunden oder Geschäftspartnern geben.

Herz
In jedem Fall ein Glückfall. Ein Herz = große Liebe. Zwei Herzen = baldige Hochzeit. Ein Herz mit Flecken rundherum = Geldsegen.

Hund
Oben platziert steht das Tier für Treue und Hingabe in der Freundschaft. An anderer Stelle weist der Hund darauf hin, dass im Freundeskreis nicht alles optimal läuft.

Kind
Man glaubt es kaum: Dieses Symbol kennzeichnet eine Affäre.

Kleeblatt
Wie kann es anders sein – ein Zeichen für Glück.

Kreuz
Leider ein übles Zeichen, das Unglück verheißt.

Krone
Wohl dem, der sie bekommt. Denn die Krone steht für Liebe und Wohlstand.

Löwe
Macht und Führungsstärke sind angesagt.

Maus
Vorsicht ist geboten. Das niedliche Tierchen symbolisiert Diebstahl und Betrug.

Mond
Das Gestirn wird mit Reichtum und Ehrerbietung in Verbindung gebracht.

Ring
Unten auf dem Tassenboden deutet er auf eine glückliche Ehe hin. Erscheint er woanders, ist das Gegenteil der Fall. Untreue im Bereich des Möglichen.

Schiff
Keine Kreuzfahrt in absehbarer Zeit, dafür Beständigkeit im Leben und vielleicht ein Freund, der nach langer Zeit mal wieder vorbeikommt.

Schlange
Warnung vor einem falschen Freund, der Böses im Sinn hat.

Schlüssel
Endlich geht ein lang gehegter Wunsch in Erfüllung.

Sonne
Alles bestens, das Leben kann so schön sein. Es sei denn, die Sonne trübt sich ein. Dann könnte dies auf eine Krankheit hinweisen.

Vogel
Der Überbringer einer problematischen Nachricht, die sich aber bald schon in Wohlgefallen auflöst.

Wolken
Glückwunsch. Der Erfolg im Berufsleben lässt nicht mehr lange auf sich warten.

C-A-F-F-E-E

Trink nicht so viel Kaffee! Das Lied, das Kinder vor dem Konsum von Kaffee warnt, kennt so gut wie jeder. Überhaupt hatte das beliebte Getränk gerade auch auf Künstler eine durchaus anregende Wirkung.

Mit Augenzwinkern komponiert

Ein berühmtes Beispiel von vielen ist Johann Sebastian Bach, der mit seiner humoristischen Kaffee-Kantate ein musikalisches Zeichen setzte. Die Geschichte von dem besorgten Herrn Schlendrian, der seine Tochter Liesgen vom täglichen Kaffee-Trinken abbringen will, ist seit dem 18. Jahrhundert Legende. Vor allem auch, weil das widerspenstige Mädchen selbstbewusst dagegen setzt und ihre Vorliebe wortreich erklären kann: „Ey! Wie schmeckt der Coffee süße." Erst als der Vater die Erlaubnis zum Heiraten in Aussicht stellt, scheint sich das eigenwillige Liesgen zu fügen. Scheinbar. Denn gleich darauf verrät sie, nur einen Mann zu nehmen, der ihr auch in der Ehe den geliebten Kaffeegenuss erlaube. Die Premiere des populären Musikstücks fand unter Leitung des Komponisten persönlich passenderweise anno 1734 im Zimmermannschen Kaffeehaus in Leipzig statt.

Bach selbst war offenbar auch kein Kostverächter, was den Kaffee betrifft. Dies lässt sich aus seinem Nachlass schließen, in dem unter dem Punkt „Geräthe" etliche Utensilien aufgeführt sind: In der Verlaßenschafft des am 28. July 1750 seelig verstorbenen Herrn Johann Sebastian Bachs, weyland Cantoris an der Schule zu St. Thomas in Leipzig, sind dazu folgende Gegenstände notiert: 1 große und 1 kleinere Coffee Kanne sowie 1 Coffee Teller aus Silber und 1 meßingene Coffee Kanne. 1 dito kleinere, 1 dito noch kleinere.

Kaffee in Dur mit 60 Bohnen

Ein ebenso berühmter Komponisten-Kollege pflegte eine Marotte, die zu seinem etwas eigenwilligen Charakter passte. Allmorgendlich beschäftigte sich Ludwig van Beethoven nicht, wie mancher meinen mag, mit Notenschlüssel und neuen musikalischen Werken, sondern mit dem Zählen von Kaffeebohnen. Genau 60 Stück mussten es für die Zubereitung einer Tasse sein. Mit sieben Gramm ein bisschen weniger, als man heute für einen Espresso benötigt.

Seine Liebe zu dem orientalischen Heißgetränk kam wohl nicht von ungefähr. Beethoven wohnte 35 Jahre lang in Wien und galt als regelmäßiger Besucher der dortigen Konditoreien und Kaffeehäuser. Auch wenn der gebürtige Bonner anfangs während der Ausbildung durch den Österreicher Joseph Haydn noch nicht von seinen Kompositionen leben konnte, so ließ er sich den Kaffeegenuss trotz Ebbe in der Kasse nicht nehmen. In Beethovens Aufzeichnungen findet sich unter anderem die Notiz, dass er die restlichen Kreuzer in seiner Börse gelegentlich in Kaffee oder Schokolade anlegte und „für Haidn und mich" ausgab.

Literarische Kaffee-Blüten

Wie könnte es anders sein – natürlich findet der Kaffee auch bei Johann Wolfgang von Goethe Erwähnung. Im achten Buch von *Dichtung und Wahrheit* haderte er über die fatale Wirkung des Getränks, das ihn stets in eine ganz eigene, triste Stimmung versetze: „Der Kaffee paralysierte meine Eingeweide und schien ihre Funktionen völlig aufzuheben, so dass ich deshalb große Beängstigungen empfand, ohne jedoch den Entschluss zu einer vernünftigeren Lebensart fassen zu können." Man merke: Goethe befand sich auf dem besten Weg, kaffeesüchtig zu werden. Wie so viele andere Kreative auch. Honoré de Balzac zum Beispiel, ein Workaholic seiner Zeit. Da er gewöhnlich zwölf Stunden am Tag arbeitete, konsumierte der Franzose unzählige Tassen starken Kaffees, um wach zu bleiben.

Dagegen hatte Gotthold Ephraim Lessing offenbar die Erfahrung gemacht, dass Kaffeetrinken eher die Laune trübt. In seinem Drama *Minna von Barnhelm* spricht er jedenfalls vom lieben, melancholischen Kaffee.

Und noch 'n Gedicht

Auch Dichterfürst Friedrich von Schiller ließ es sich seinerzeit nicht nehmen, eine kleine Ode an den Bohnenkaffee zu verfassen. Das Kaffee-Gedicht lautet so:

Ich will so werden wie die Leute,
die nachts Bohnenkaffee trinken,
und vorm morgigen Geläute
die Welt mit Leben neu beschenken.
Wer wachend auch zu später Stund' verweilt,
des Mattigkeit der schwarze Zauber heilt.
Ist die Nacht auch kühl auf Erden,
in dem Kessel pfeift es heiß.
Fertig soll der Kaffee werden,
von der Stirne rinnt der Schweiß.

Alles für die Katz!

Der Preistreiber kommt auf leisen Pfoten. Auf den indonesischen Kaffee-Inseln Sumatra, Java und Sulawesi streunt der Luwak durch die Wälder auf der Suche nach seinen Lieblingsnaschereien. Mit Aussicht auf sicheren Erfolg. Denn für den nachtaktiven Fleckenmusang gibt es reiche Beute auf den zahlreichen Plantagen vor Ort, wo die reifen Kaffeekirschen der scheuen Schleichkatze sozusagen ins Maul wachsen. Und damit nimmt die Produktion eines der wohl teuersten Kaffees der Welt ihren zugegebenermaßen nicht besonders appetitlichen Anfang.

Glatter Durchmarsch bis zum Ende

Bevor der Katzenkaffee „Kopi Luwak“ weiter verarbeitet werden kann, muss er zunächst von dem wieselähnlichen Tier gegessen, verdaut und wieder ausgeschieden werden. Da die Katze jedoch nur das Fruchtfleisch aufnehmen kann, verlassen die Bohnen nahezu unverändert den Darm. Was sich verändert, ist allerdings entscheidend. Durch die Fermentierung während der Verdauung werden die Bitterstoffe im Kaffee gespalten – ein Vorgang, der für einen unvergleichlich milden und gleichzeitig vollmundigen Geschmack sorgt. Für Kenner ein Hochgenuss, für den fast jeder Preis gezahlt wird. 30 Euro für 100 Gramm gelten heute im Versandhandel als Durchschnitt. Im Café muss man den gleichen Betrag oftmals nur für eine einzige Tasse Katzenkaffee auf den Tisch des Hauses legen.

Eine altbekannte Methode

Nur unangenehm, dass die Bohnen aus den Exkrementen der Musangs aussortiert werden müssen. Übrigens eine Prozedur, über die bereits anno 1883 der Zoologe Alfred Brehm berichtete. Zu dieser Zeit war es den Einheimischen nur erlaubt, verdaute Kaffeebohnen für den Eigenbedarf zu behalten. Als begehrtes Genussmittel ging der Plantagen-Kaffee ausschließlich in den Export. Die Händler wollten schließlich gutes Geld machen, denn in den Mutterländern der Kolonien war Kaffee heiß begehrt und stark gefragt. Damals hatte man noch nicht den Wert entdeckt, den die raren Bohnen aus den Ausscheidungen der Schleichkatze darstellen. Als es so weit war, wurde der Kopi Luwak schnell zum kostspieligsten Kaffee im weltweiten Angebot.

Nach dem Einsammeln werden die ausgeschiedenen Bohnen sorgfältig gereinigt und getrocknet. Im Anschluss bringen die Kaffeebauern ihre ungewöhnliche Ernte zu speziellen Prüfstellen, wo die Qualität begutachtet und ermittelt wird. Erst dann erfolgt die Freigabe zur Weiterverarbeitung. Feinschmecker stören sich nicht an der abstoßenden Art der Getränke-Herstellung. Für sie zählt allein das erlesene Aroma der seltenen Bohnen.

Gewinnstreben mit negativen Folgen

Trotzdem darf an dieser Stelle nicht verhehlt werden, dass der enorme Profit durch den Kopi Luwak dazu führt, dass die Fleckenmusangs gejagt und unter oft miserablen Zuständen in Käfigen gefangen gehalten werden. Durch das ausschließliche Füttern mit Kaffeekirschen soll die Jahresernte, die normalerweise lediglich 200 bis 300 kg beträgt, deutlich gesteigert werden. Auch wenn die Bauern damit Mangelerscheinungen und Krankheiten bei den Katzen in Kauf nehmen müssen.

Nebenbei: Mittlerweile wird dem Kopi Luwak das Prädikat abgesprochen, der weltweit teuerste Kaffee zu sein. In Peru ist man dabei, mit Hilfe von Nasenbären die Kaffeesorte Satipo herzustellen. Zum Kilopreis von etwa 900 Euro. Dagegen gibt es den Katzenkaffee fast zum Schnäppchenangebot von 300 bis 500 Euro pro 1000 Gramm.

Vom Rüssel in die Tasse

Aber es geht noch eine gewaltige Nummer größer. Zu den seltensten Kaffee-Spezialitäten der Welt zählt der Black Ivory Coffee aus Thailand. Hier unterhält die *Golden Triangle Asian Elephant Foundation* eine Auffangstation für etwa dreißig herrenlose Elefanten, die nicht mehr zur Arbeit eingesetzt werden können. Die Dickhäuter, die an diesem Ort gelandet sind, genießen ein wahrhaft luxuriöses Leben. Den lieben langen Tag faulenzen, ohne schwere Brocken schleppen zu müssen, futtern und es sich gut gehen lassen

Die gute Pflege hat ihren Sinn, denn die Tiere produzieren einen der wertvollsten Kaffees überhaupt. Die Art und Weise des Zustandekommens ist dem Ablauf bei der indonesischen Manguste vergleichbar, nur dass ein Elefant naturgemäß wesentlich mehr Kaffeekirschen verdrückt. Rund 30 kg Früchte, die unter das normale Futter gemischt werden, muss solch ein Riese verputzen, um 1 kg Elefanten-Kaffee zu erhalten. Dies erklärt, weshalb die Jahresmenge nur rund 100 kg beträgt und der Kaffee auch nicht außerhalb Thailands im freien Handel ohne Weiteres zu bekommen ist. Kaffee-Freaks schreckt die Hürde jedoch nicht ab. Genauso wenig wie der horrende Preis von über 800 Euro, die dieser exquisite Kaffee mit dem Namen Schwarzes Elfenbein pro Kilo kostet.

Nicht die Bohne

Es muss nicht immer Bohnenkaffee sein. Auch aus anderen Pflanzen lässt sich ein Heißgetränk fabrizieren, das in Farbe und Geschmack sogar dem Original ähnelt. Allen voran die Gerste als Ausgangsprodukt für den Malzkaffee. Außerdem wurden unter anderem Eicheln, Feigen und Zichorien zur Herstellung eines Surrogats verwendet.

Bereits in Babylonien und dem antiken Ägypten kannte man die Methode, aus gerüsteten Getreidekörnern etwas Trinkbares zu erzeugen. Hierzulande machten findige Fabrikanten aus der Not eine Tugend, als unter Friedrich dem Großen 1766 die Einfuhr und der Verkauf von Kaffee im Privatbereich untersagt wurden. Fünfzehn Jahre später folgte das Verbot, in Haushalten Kaffee zu rösten. Der Anlass für die Anordnung, dem einfachen Volk Herstellung und Konsum des echten Kaffees zu verwehren, hatte finanzielle Hintergründe. Denn der König plante, das wertvolle Gut mit höheren Steuern zu belegen und auf diese Weise dem Preußischen Staat spürbare Mehreinahmen zu verschaffen.

Heiß auf neue Ideen

Während der napoleonischen Kontinentalsperre, die zwischen 1806 und 1812 Europa beutelte, wurden die Möglichkeiten, den begehrten arabischen Kaffee zu beziehen, weiter erschwert. Doch die Leute wollten keinesfalls auf das beliebte Kaffeetrinken verzichten. Also griff man notgedrungen zu den Alternativen, die der damalige Markt bereits offerierte.

So entwickelte sich beispielsweise Braunschweig bald zum Mittelpunkt der Produktion von Zichorienkaffee, der noch bis ins 20. Jahrhundert hinein hergestellt wurde. Auch der Feigenkaffe, der von Oberitalien nach Deutschland kam, fand regen Zuspruch bei den Verbrauchern.

Kaffee verkehrt auf Erfolgskurs

Mitte des 19. Jahrhunderts erfand der Kölner Wunderheiler Arthur Lutze einen speziellen „Gesundheits-Kaffee“ auf Gerstenbasis. Der magenfreundliche Malzkaffee war geboren und füllte als Muckefuck landauf-landab Kannen und Tassen.

Über den Ursprung der Bezeichnung streiten sich die Gelehrten. Während die einen den Namen aus dem Französischen von *mocca faux* herleiten, verorten die anderen die Herkunft ins Rheinisch-Westfälische. Ob der eingedeutschte Begriff für falschen Kaffee nun aus der Besatzungszeit des Rheinlands durch die Franzosen anno 1870 stammt oder laut Duden für den regionalen Ausdruck steht, der sich aus Mucken für Holzmulm und fuck für faul zusammensetzt und schließlich ein Synonym für dünnen Kaffee wurde, bleibt offen.

Die Herstellung des Malzkaffees ist jedenfalls unumstritten. In sechs Produktionsschritten vom Reinigen der Körner, dem Einweichen in Wasser, wobei der Malzzucker entsteht, über das anschließende, über mehrere Wochen dauernde Trocknen bis zum Rösten der Gerste. Vor Gebrauch wird das Getreide gemahlen und nochmals so lange zerkleinert, bis ein feines Kaffeepulver entsteht. Da sich der Malzkaffee kaum vom echten Bohnenkaffee unterscheidet und zudem aufgrund des geringen Anteils an Gerbstoffen sehr bekömmlich ist, gehörte er rasch zu den beliebtesten Heißgetränken der Nation.

Ablösung durch Instant

Zu den damaligen Marktgrößen zählte Kathreiners Malzkaffee. Das Werk in Magdeburg wurde nach Ende des Zweiten Weltkriegs enteignet und führte die Produktion im Verband der Konsumgenossenschaften der DDR weiter. 1954 verdrängte der erste Instant-Ersatzkaffee aus westdeutscher Herstellung unter dem Markenzeichen Caro weitgehend die nicht-löslichen Sorten aus den Regalen des Handels. Bis heute wird Malzkaffee oft und gern getrunken. Wie gesagt – es muss nicht immer Bohnenkaffee sein.

Chinesisches Sprichwort

Tee erleuchtet den Verstand, schärft die Sinne, verleiht Leichtigkeit und Energie und vertreibt Langeweile und Verdruss.

Das Getränk der Völker

Es war einmal

Die Geschichte des Tees in den wichtigsten Anbaugebieten beginnt von Land zu Land immer anders. Aber stets vor langer, langer Zeit. Unsere Reise in die märchenhafte Vergangenheit nimmt in China ihren Anfang.

Es begab sich anno 2737 vor unserer Zeitrechnung, dass der damalige Kaiser Shen Nung an einem milden Frühlingsabend nach einer beschwerlichen Reise unter einem Baum rastete. Um seinen Durst zu löschen, erhitzte der Sohn des Himmels Wasser in seinem Kochgeschirr. Da wehte ein leichtes Lüftchen ein paar Blätter von den Ästen in die Flüssigkeit, die sich daraufhin hellgrün verfärbte und angenehm zu duften anfing. Neugierig probierte der Kaiser das Getränk und leerte die Tasse mit wachsender Begeisterung. Denn er fühlte sich herrlich erfrischt und genug gekräftigt, um die Weiterreise anzutreten. Der Baum, dessen Blätter ihm so viel köstlichen Geschmack beschert hatten, war ein wilder Teestrauch. Und so wurde der Tee entdeckt, der sich vom Land der Mitte aus im Laufe der Jahrhunderte in der ganzen Welt verbreitete. Heute steht fest, dass die ersten Tee-Trinker wohl Chinesen waren.

Die indische Variante

In Indien widerfuhr ebenfalls einem Adeligen das Glück, als erster Bekanntschaft mit dem Tee zu schließen. Seinerzeit beschloss Prinz Dharma, dritter Sohn des Königs Kosjuwo, ins entfernte China zu reisen, um dort die Lehren des Gautama Buddha zu verkünden. Damit nicht genug. Der Prinz legte zudem das Gelübde ab, neun Jahre lang nicht zu schlafen. Auf diese Weise wollte er sich seiner anspruchsvollen Mission würdig erweisen. Wen verwundert es, dass diese Auflage unmöglich zu erfüllen war und der junge Mann – erstaunlich genug – am Ende des dritten Jahres von Müdigkeit übermannt wurde. Bevor ihm die Augen zufielen, pflückte er achtlos einige Blätter von einem wild wachsenden Teestrauch, steckte sie in den Mund und kaute darauf herum. Oh Wunder! Im selben Augenblick begann der Tee belebend zu wirken, vertrieb Dharmas Schläfrigkeit und gab ihm die Kraft, auch die restlichen sechs Jahres seiner Mission wach zu bleiben.

Ein Stück weit brutaler

Die Japaner wiederum erzählen diese Legende ein wenig anders. Danach schläft Bodhi-Dharma im dritten Jahr der China-Reise bei Andachtsübungen ein. Aus Wut über sein Versagen greift er beim Aufwachen zu einer grausamen Selbstbestrafung. Er schneidet sich die Augenlider ab und wirft sie weg. Nie mehr soll es geschehen, dass er derart scheitert und einen Schwur nicht halten kann. Jahre nach diesem Ereignis führt der Weg den Prinzen zurück an diesen Ort des Schreckens. Dabei bemerkt der Königssohn, dass dort ein Strauch von einer Art gewachsen ist, die er bislang noch nie gesehen hat. Gespannt zupft er ein paar Blätter ab, um sie zu kosten. Überrascht stellt er nach einiger Zeit fest, dass er auf einmal wesentlich länger wachbleiben kann als normalerweise. Eine erfreuliche Tatsache, die Dharma dem Genuss der neu entdeckten Teepflanze zuschreibt und überall weiter berichtet. So kommt es, dass an allen Orten, die der Priesterkönig in China besucht, mit dem Anbau von Tee begonnen wird.

Zurück zu den Wurzeln

Nun sind Geschichten das eine – Fakten etwas völlig anderes. In einer Sache sind sich die Experten jedenfalls einig: China ist das Mutterland des Tee-Anbaus. Genauer eingegrenzt handelt es sich wahrscheinlich um das Gebiet zwischen Birma, Nord-Vietnam und Yunnan. Auf das Jahr genau festmachen lässt es sich nicht, wann im Land der Mitte mit dem Anpflanzen von Tee begonnen wurde. Als gesicherte Erkenntnis gilt allerdings, dass bereits unter der Qin-Dynastie um 221 v. Chr. eine Teesteuer erhoben wurde. Auch in verschiedenen literarischen Quellen sind Angaben zum Thema Tee zu finden – ein einheitliches Schriftzeichen für *cha,* wie Tee im Chinesischen genannt wird, gibt es aber erst seit dem 8. Jahrhundert.

Kunst trifft Wirtschaft

In der Tang-Zeit zwischen 618 und 907 wurde der Tee sozusagen gesellschaftsfähig, wandelte sich vom Heil- zum Genussmitttel und löste die bisher gebräuchlichen alkoholischen Getränke ab. Eine Entwicklung, die sicherlich durch die buddhistischen Mönche, die während ihrer Meditationsübungen bevorzugt Tee tranken, stark beeinflusst wurde. Außerdem entdeckte auch die Kunst den Tee als kreative Inspiration. Beispielsweise verfasste der Dichter Lu Yu das erste Buch über den Tee, das in der Welt geschrieben wurde: Das *cha jing,* in dem der Poet unter anderem Regeln für die Art der Zubereitung und des Trinkens aufstellt.

Tee entwickelte sich zu einem kostbaren Gut, dessen Geschmack und Zubereitung ständig verfeinert wurden. In der Song-Zeit, die von 960 bis 1279 dauerte, erreichte die Teekultur einen Höhepunkt. Zur Unterhaltung wurden Tee-Wettbewerbe veranstaltet, in denen es vor allem um die Ästhetik von Aussehen und Präsentation der Zeremonie ging. Dichter rühmten sich in ihren Schriften der Kennerschaft, teure Verpackungen unterstrichen die Wertigkeit bestimmter Tees und erstmals wurden sogar Fälschungen bekannter Sorten dokumentiert.

Auch in den kommenden Jahrzehnten blieben der Anbau und das Trinken von Tee eine asiatische Angelegenheit. Zwar gehörte der Tee bereits ab dem 10. Jahrhundert für die chinesische Wirtschaft zu einem der wichtigsten Exportgüter in die Nachbarländer. Beispielsweise gelangte die wertvolle Ware über die Tee-Pferde-Straße nach Tibet und Indien. Aber die eigentliche Verbreitung bis nach Europa sollte noch bis ins 17. Jahrhundert dauern.

Vom Ziegel zur losen Blattsammlung

Lange wurde der Tee in Form gepresster Ziegel angeboten. Ming-Kaiser Hong Wu beendete 1391 per Dekret die Tributzahlung mit gepresstem Tee, weil die aufwändige Herstellung „die Kräfte des Volkes überfordern würde". Daraufhin begann die Produktion von losem Tee und damit verbunden die bis heute gebräuchliche Methode der Zubereitung durch Aufbrühen und Ziehen lassen.

Das geänderte Verfahren brachte darüber hinaus auch zahlreichen Manufakturen und Töpfereien einen kräftigen Schub. Denn nun brauchte man ein neues Gefäß, um das Getränk zuzubereiten: Die Geburtsstunde der Teekanne war gekommen. Während am Kaiserhof und im Hochadel selbstverständlich hochfeines Porzellan für das Teegeschirr verwendet wurde, bevorzugten Gelehrte die Ausführungen aus unglasiertem Ton, wobei sich besonders die rötlichen Modelle aus Yi-Xing besonderer Wertschätzung erfreuten. Bereits damals galten künstlerisch gestaltete Tee-Utensilien als wertvolle Sammelobjekte. Ein Trend, der im 18. Jahrhundert weiteren Auftrieb erhielt, als die oft schmucklosen Kannen nunmehr mit kalligraphischen Elementen und Zeichnungen verziert und vom stolzen Entwerfer signiert wurden.

Die Karawane zieht besser

Machen wir einen Sprung in das Jahr 1606. Zu diesem Zeitpunkt landeten die ersten Teekisten im Hafen von Amsterdam an. Eine Premiere für die westliche Welt. Die erste offizielle Teeladung hatte Europa der holländischen Ostindien-Kompanie zu verdanken, die damals schon gute Handelsbeziehungen nach Fernost unterhielt und bis 1660 das Monopol im Teegeschäft für sich beanspruchte. Danach übernahm die britische East India Company die Führerschaft in dem profitablen Business.

Doch nicht nur per Schiff machte sich der Tee auf die Reise, auch auf dem Landweg ging es in die Ferne. So zog beispielsweise in der Mitte des 17. Jahrhunderts eine Karawane, beladen mit 200 Paketen Tee aus der Mongolei, von Peking aus in Richtung Russland. Durch die Wüste Gobi, dann quer durch Sibirien vorbei am Baikalsee und weiter bis zur Wolga. Ziel war der Zarenhof, um Michael I das wertvolle Tee-Präsent zu überreichen.

Noch bis ins 19. Jahrhundert bevorzugten Kenner die russischen Karawanen-Tees, weil diese auf ihrem Transport nicht der Feuchte und dem Muff der Lagerräume im Schiffsbauch ausgesetzt waren und deshalb nicht Gefahr liefen, einen unangenehmen Beigeschmack anzunehmen. Was leicht passieren konnte in der dumpfen, übel riechenden Umgebung im Frachtraum der Schiffe.

Europa entdeckt den Tee-Genuss

Das neue Getränk gewann schnell Liebhaber. So auch in England, wo der Adel und die Intellektuellen rasch zu Stammgästen in den *tea houses* wurden, die vor allem in London vermehrt aus dem Boden schossen. Tee war begehrt und gefragt. Grund genug für die Regierung unter Oliver Cromwell, der noch kurz vor seinem Tod die Steuern drastisch anhob, sich einen Anteil an dem rentablen Geschäft zu sichern. Dies erwies sich jedoch nicht als sonderlich weitsichtig, weil nun der Tee-Schmuggel gewaltige Ausmaße annahm. Als im 18. Jahrhundert die Preise sanken und die reguläre Nachfrage wieder anstieg, kürten die Briten den Tee zu ihrem neuen Nationalgetränk.

Auch in Frankreich gab es schon bald nach der Einführung des Tees im Lande anno 1650 prominente Fans der aromatischen, anregenden Blätter. Darunter Jean Racine, der wohl bekannteste Dramatiker seiner Zeit, oder auch Kardinal Mazarin, der die Heilwirkung des Tees gegen seine Gichtbeschwerden lobte. Und aus einem Briefwechsel der Marquise des Sévigné ist zu erfahren, dass eine Madame de la Sablière ihren Tee mit Milch trinkt.

Politik und ihre Folgen

Zu dieser Zeit waren die Chinesen noch die alleinigen Tee-Produzenten und somit in der Lage, die Preise und Regeln für den Handel festzusetzen. Dazu zählten der beschränkte Zugang zum Hafen von Kanton sowie die Verweigerung, Tee gegen Textilien einzutauschen. Aus verständlichen Gründen lehnten die Briten es ab, sich diesen Bedingungen zu beugen und kamen auf die perfide Idee, China mit Opium zu überschwemmen. Diese Maßnahme führte zum Ersten Opiumkrieg, der 1842 mit der Annexion von Hongkong durch die Briten zu Ende ging.

Ungeachtet dessen traf die Regierung in London die Entscheidung, sich schnellstmöglich aus der Abhängigkeit von China als Teelieferanten zu lösen. Für eine Kolonialmacht kein sehr schwieriges Unterfangen. 1834 entstanden in Indien die ersten Teeplantagen; gut zwanzig Jahre später begann auf Ceylon der Tee-Anbau. Andere asiatische Länder zogen nach, ebenso einige englischsprachige Staaten in Schwarzafrika.

Heute wird Tee rund um den Globus in allen tropischen und subtropischen Zonen angepflanzt. 2018 betrug die Anbaufläche rund 4,2 Millionen Hektar. Größte Anbaunation ist nach wie vor China, gefolgt von Indien, Kenia und Sri Lanka.

Zum Schluss noch ein interessanter Hinweis, der ausnahmsweise nichts mit Märchen zu tun hat - obwohl die Gebrüder Grimm auch hier ihre Hände im Spiel hatten. Und zwar ist in ihrem Deutschen Wörterbuch nachzulesen, dass der Begriff Tee im 17. Jahrhundert aus dem Niederländischen Thee in unsere Sprache übernommen wurde. Folglich schrieb man hierzulande bis zur Rechtschreibreform anno 1901 das Wort Tee mit th.

Als die Indianer Party machten.

Es war am 16. Dezember 1773, als mutmaßlich Mitglieder der Freimaurerloge Saint Andrew in Indianer-Kostümen im Hafen von Boston die Schiffe der East India Company enterten, die dort vor Anker lagen, und drei Ladungen Tee über Bord warfen. So landeten insgesamt 342 Kisten der wertvollen Fracht im Wasser.

Über Steuern lässt sich trefflich streiten

Die Ursache für die spektakuläre Aktion schwelte schon lange. Vorrangig ging es um die hohe Steuerlast, die das britische Königreich seinen dreizehn Kolonien in Nordamerika auferlegte. Bedingt durch enorme Kriegskosten hatte sich das Defizit in der Staatskasse des Mutterlandes in weniger Jahren verdoppelt und betrug anno 1773 rund 132 Millionen Pfund. Nicht eingerechnet die laufenden Ausgaben, die in Amerika direkt etwa durch die Finanzierung der vermehrten kriegerischen Auseinandersetzungen zwischen englischen Siedlern und Indianerstämmen entstanden.

Angesichts des riesigen Schuldenbergs beschloss das Parlament in London, zumindest einen Teil des Unterhalts für die zusätzlich stationierten Truppen auf die Kolonien zu übertragen. Eine Entscheidung, die bei den Amerikanern empörten Widerstand auslöste.

Der Widerstand nimmt Formen an

Noch verstanden sich die Bewohner der Kolonien allerdings nach wie vor als britische Staatsbürger, obwohl sie sich nicht in ausreichendem Maß im Londoner Parlament vertreten glaubten. Das Hin und Her gewann dann 1767 durch neu erhobene Importzölle auf Leder, Papier und Tee weiter an Schärfe. Aufgrund von Boykott-Maßnahmen in den Kolonien brachten die zusätzlichen Auflagen jedoch nicht den gewünschten Erfolg. Während die Ladungen der Ostindien-Kompanie in den Lagern verrotteten, kauften die Kolonisten hauptsächlich geschmuggelten Tee aus den Niederlanden. Drei Jahre später wurden die neu eingeführten Importsteuern wieder abgeschafft. Der Teezoll aber blieb. Mehr aus Prinzip als aus Notwendigkeit.

1773 kam es dann zur Eskalation. Auslöser war der Tea Act, der nunmehr der Ostindiengesellschaft freie Hand in Preisgestaltung und Verkauf ermöglichen sollte. Eigentlich hätten sich die gesenkten Preise und der Wegfall des Zwischenhandels positiv auswirken sollen – das Gegenteil war der Fall. Denn allem Anschein nach plante die Company, wie im Mutterland auch in den nordamerikanischen Niederlassungen ein Teemonopol einzurichten. Das Ressentiment gegen das fiskalische und wirtschaftliche Vorgehen der Briten wuchs bedrohlich weiter.

45 Tonnen Tee gehen über Bord

Der buchstäbliche Funke, der die aufgewühlte Stimmung zum Explodieren brachte, zündete am besagten Dezembertag, als die *Dartmouth* in Boston vor Anker ging. Als erstes von vier Schiffen sollte sie billigen Tee nach Massachusetts bringen. Am Abend waren auch die *Eleanor* und die *Beaver* eingelaufen, um ihre Fracht zu löschen. Der damalige Gouverneur Thomas Hutchinson lehnte als Vertreter der Krone sämtliche Forderungen der Widerständler ab, den drei Schiffen das Verlassen des Hafens ohne Entladung und Zahlung der Zölle zu gewähren.

Es wäre klüger gewesen, sich verhandlungsbereit zu zeigen. Denn kurz nach dem strikten Nein der Kolonialregierung stürmten etwa 50 als Mohawk-Indianer verkleidete Männer die Segler der Ostindien-Kompanie, kaperten die Ladungen und entsorgten 45 Tonnen Tee im Hafenbecken. Tausende Zuschauer verfolgten die nächtliche Piraten-Aktion ohne einzugreifen. Daher verlief das Ganze äußerst diszipliniert und völlig gewaltlos. Am Ende reinigten die ‚Indianer' sogar die Decks. Das Ereignis ging als die Boston Tea Party in die Annalen ein.

Die Rothäute als Symbol der Unterdrückung

Warum aber die Maskerade? Lange waren sich die Experten uneins. Heute gilt die Annahme, dass die Protestler mit der Indianer-Kostümierung ein Zeichen für die neu entwickelte amerikanische Identität setzen und ihr Bestreben nach Unabhängigkeit und Freiheit in aller Öffentlichkeit deutlich machen wollten. Zudem ging es schließlich auch darum, sich mit den Ureinwohnern solidarisch zu erklären. Denn die indigene Bevölkerung des nordamerikanischen Kontinents hatte besonders unter der aggressiven Haltung der Engländer zu leiden, wurde bekämpft und zunehmend aus ihren angestammten Heimatgebieten vertrieben.

Eigentlich musste den Kolonisten klar gewesen sein, dass sich die Regierung in London die Opposition nicht ohne Gegenwehr gefallen lassen würde. In der Tat folgten Strafaktionen unterschiedlicher Art wie die Schließung des Bostoner Hafens sowie Einschränkungen von Freiheiten. Daher verwundert es nicht, dass sich die Proteste mittlerweile auf die gesamte Bürgerschaft Bostons ausweiteten.

Für die Unabhängigkeit zu allem entschlossen

Bald wurde deutlich, dass sich die Auseinandersetzungen nicht einfach auf friedlichem Wege lösen ließen. Im Herbst 1774 fand in Philadelphia der erste Kontinentalkongress statt, um das weitere Vorgehen zu beraten. Auf dem Treffen empfahlen die Vertreter aus zwölf Kolonien, ihrerseits Sanktionen gegen Großbritannien zu verhängen und eine eigene Armee aufzustellen. So geschah es; die Neu-Amerikaner rüsteten auf. Ein Jahr später im April begann der Krieg mit dem englischen Mutterland. Am 4. Juli 1776 erklärten die Vereinigten Staaten ihre Unabhängigkeit.

Im Gedenken an den Tag, an dem die Indianer Party machten, zelebrieren die Amerikaner der Stadt seit 1776 am Nachmittag des 16. Dezembers die Boston Tea

Time. Ein Brauch, der zu Beginn das neue Selbstbewusstsein dokumentieren sollte und die Teekultur der Briten auf spöttische Weise imitierte. Allerdings verliert die Zeremonie heutzutage nach beinah 250 Jahren weitgehend an Bedeutung.

Querbeet ziehen lassen

Anders als beim Kaffee ist der Begriff Tee nicht auf eine bestimmte Pflanze beschränkt, sondern bezieht sich eher auf das Zubereitungsverfahren allgemein: Aufbrühen und ziehen lassen. Daher gibt es Tees aus zahlreichen Inhaltsstoffen und vielerlei Pflanzen. Zum Beispiel Kräutertees und Früchtetees. Tees aus Lindenblüten, Jasmin und Kamille. Oder auch ländertypische Spezialitäten wie etwa den Rooibos aus der südafrikanischen Westkap-Provinz. Verarbeitet werden dort die Blätter und Zweige des Rotbusches, eines Gewächses aus der Familie der Hülsenfrüchte, die sich beim Fermentieren rötlich-golden färben.

Darüber hinaus führt der Handel unterschiedliche Tee-Sorten zum Gesundbleiben und gegen alle möglichen Beschwerden im Angebot – angefangen von der Erkältung über Schlafstörungen bis zum Unwohlsein. Außerdem werden etliche Tees mit Aromen, Duftstoffen und Gewürzen angereichert, um die Wirkung zu verstärken. Sei es, um die Laune zu heben oder um Körper und Geist zu entspannen. Die Phantasie der Hersteller kennt hier kaum Grenzen. Da werden Variationen passend zur jeweiligen Jahreszeit komponiert oder zu festlichen Anlässen wie Weihnachten oder Ostern mit entsprechenden Zutaten gemischt. Zu den beliebtesten Zusätzen zählen Orange, Zitrusfrüchte, Kirsche, Zimt sowie Anis. Und selbstverständlich Vanille als der Stimmungsaufheller überhaupt.

Parfümiert und aufgepeppt

Aber auch bei der Herstellung von klassischen Tee-Sorten macht der Trend nicht bei der reinen Lehre halt. Längst gehören bestimmte Blends und parfümierte Versionen zum Standardprogramm. Etwa der Earl Grey mit dem markanten Aroma der Bergamotte. Nicht nach jedermanns Geschmack, aber trotzdem einen Probierversuch wert sind sogenannten Rauch-Tees. Um diese spezielle Note zu erreichen, werden die Teeblätter im Rauch von harzhaltigem Holz getrocknet. So entsteht nicht nur ein außergewöhnliches Röstaroma, sondern dazu auch ein besonders intensiver Duft. Typisches Beispiel für dieses Verfahren ist der Lapsong Souchong, ein großblättriger Schwarztee aus dem Wuyi-Gebirge in der chinesischen Provinz Fujian, der über schwelenden Kieferwurzeln oder brennendem Fichtenholz geräuchert wird. Übrigens der Lieblings-Tee von Winston Churchill, der dieses Getränk zusammen mit den Zigarren während seiner Militärzeit in Kuba kennen und schätzen gelernt hatte.

Eine Stechpalme zum Trinken

Beim Blick auf die ungewöhnlichen Tee-Sorten der Welt müssen wir unbedingt ein Weilchen in Südamerika verweilen. Denn von hier kommt der berühmte Mate - ein Erzeugnis, das aus den kleingeschnittenen, getrockneten Blättern eines Ilex-Strauches hergestellt wird. Das Wort Mate leitet sich vom indianischen Quechua-Begriff *mati* ab und bedeutet in der Übersetzung „Trinkgefäß". Und in der Tat wird der Tee aus einem ungewöhnlichen Behältnis genossen. Nämlich aus dem Stielende eines ausgehöhlten Flaschenkürbisses. Anstelle solch einer Kalebasse kommt vielfach auch das Teilstück eines Rinderhorns zum Einsatz, *guampa* genannt und traditionell von den Gauchos verwendet. Zum Trinken benutzen die Südamerikaner vorzugsweise eine *bombilla*, einen Trinkhalm aus Metall, der am unteren Ende mit einem Sieb versehen ist, welches das Aufsaugen der Teeblätter verhindert.

Bereits vor der Kolonialisierung tranken die Ureinwohner Lateinamerikas den Mate-Tee. Die Kunde von diesem Brauch gelangte im 16. Jahrhundert dann durch die Konquistadoren nach Europa. Hundert Jahre später begannen die Jesuiten nach der Besiedlung des heutigen Paraguays, das Stechpalmengewächs systematisch anzubauen und schafften es, bis zu ihrer Vertreibung im 18. Jahrhundert ein Handelsmonopol für die gesamte Region aufbauen. Bis heute gilt der Mate in etlichen Ländern als Nationalgetränk. Unter anderem in Argentinien.

Eine kleine Farbenlehre

Selbstverständlich soll in der großen Tee-Vielfalt das Original nicht untergehen. Es macht einen großen Unterschied, ob die Blätter des Teestrauchs frisch oder getrocknet verarbeitet werden. Denn abhängig vom Grad des Fermentierens und der Oxidation ändern sich Geschmack und Aussehen.

Heute wird der Tee in vier verschiedene Arten unterteilt. Neben diesen Klassikern gibt es weitere Spezialitäten, die hauptsächlich auf bestimmte Regionen beschränkt sind. An dieser Stelle wollen wir insgesamt sieben Varianten vorstellen:

Grüner Tee
Bei der bäuerlichen Herstellung werden die frischen Blätter über dem Feuer in Pfannen gewelkt und anschließend getrocknet. In der industriellen Produktion kommen spezielle Behälter für dieses Verfahren zum Einsatz.

Weißer Tee
Absolute Top-Qualität, bei dem nur die jungen Triebe in die Weiterverarbeitung gelangen. Die farbliche Bezeichnung stammt von den Härchen an der Unterseite der Teeblätter, die nach dem Trocknen eine weiß-silbrige Farbe annehmen.

Oolong-Tee
Nach der Ernte werden die in Körben gesammelten Blätter geschüttelt, damit der austretende Saft mit dem Sauerstoff in der Luft reagiert. Das Erhitzen über dem Feuer stoppt die Oxidation. Genau genommen ist der Oolong ein halboxidierter Grüntee.

Schwarzer bzw. Roter Tee
Dieselbe Sorte – verschiedene Namen. Denn der Schwarze Tee wird in Ostasien als Roter bezeichnet. Während der Verarbeitung entsteht eine komplette Oxidation. Die vollständige Trocknung erfolgt erst zu einem späteren Zeitpunkt.

Schwarzer Tee
Dunkel wie Kaffee und damit wesentlich dunkler als der in Europa gebräuchliche schwarze Tee. Diese Spielart ist in Asien beheimatet, wo der ehemals grüne Tee über etliche Monate einen Reifeprozess durchläuft.

Pu-Erh
Die Bezeichnung für einen nachfermentierten Tee aus der chinesischen Stadt Pu-Erh.

Gelber Tee
Eine besondere Variante, die nur in China hergestellt wird. Frisch geerntet, bleibt der Tee für eine kurze Weile unverarbeitet liegen, so dass die Blätter lediglich geringfügig oxidieren. Die gelbe Version zählt zu den teuersten Tee-Sorten, die überhaupt im Handel zu bekommen sind.

In Europa gehören die Schwarztees Assam, Ceylon und Darjeeling zu den bekanntesten Sorten. Der ostindische Hochlandtee Assam kommt aus dem weltweit größten Anbaugebiet und besitzt ein überaus kräftiges Aroma. Der ebenfalls herb schmeckende Ceylon-Tee stammt aus Sri Lanka. Beide Varianten eignen sich hervorragend für Mischungen. Beim Darjeeling handelt es sich dagegen um ein zarteres Gewächs, das auf den Südhängen des Himalayas in über 2000 m Höhe wächst und im Vergleich zu den Tees aus Assam und Ceylon empfindlicher auf hartes Wasser reagiert.

Was ist das denn?

Im internationalen Teehandel sind zahlreiche Begriffe und Abkürzungen in Gebrauch, die sich nicht auf Anhieb erschließen. Die folgende Zusammenstellung soll helfen, Durchblick in dem Wirrwarr zu schaffen.

Orange
Prädikat für königliche Qualität. Abgeleitet vom niederländischen Herrscherhaus der Oranier.

Pekoe
Weißer Flaum, wie die Chinesen die jungen Blätter einer Teepflanze nennen.

Broken
Bezeichnung für kleinblättrige Tees

Fannings
Weniger als 1 mm große Tee-Partikel, die ausschließlich für die Füllung von Teebeuteln verwendet werden.

Dust
Buchstäblicher Teestaub. Ebenfalls nur für den Beutel geeignet.

Tippy
So nennt man die Spitzen der zarten Teeblätter, die beim Aufgießen vergleichsweise hell bleiben.

Einwurf
Stängel oder Holzreste, die unter Umständen bei der Teeproduktion mitverwendet werden.

Clonal
Darunter versteht man Teesorten, die aus Hybridzüchtungen stammen und für besondere, oft schwierige Anbaubedingungen entwickelt wurden.

Infusion
Teeblätter nach dem Aufguss.

Der kleine Tee-Kalender

Ein Getränk macht international Geschichte. Auf einem Parforce-Ritt durch die Jahrhunderte sind hier die wichtigsten Daten und Fakten im Schnelldurchgang zusammengefasst.

350 n. Chr.
Zum ersten Mal findet sich ein Hinweis in einem Dokument. Im Wörterbuch des Chinesen Kuo Po wird Tee unter der Bezeichnung *Tu* als ein Getränk aus gekochten Blättern beschrieben.

476 n. Chr.
Der Teehandel kommt in Gang. Die zentralasiatischen Nomaden der damaligen Zeit machten gute Geschäfte entlang der Großen Mauer.

780 n. Chr.
Cha Ching, das klassische Buch vom Tee, nannte der Adoptivsohn des Mönches Lu Yu seine Abhandlung in zehn Kapiteln über Herkunft, Vorkommen, Anbau, Herstellung und Zubereitung des Tees.

620 – 1279 n. Chr.
In der Tang-Zeit erlebte der Tee seine Blütezeit. Die Produktion wurde perfektioniert, die Zubereitung erhielt Kult-Status, der Handel florierte und machte den Tee auch in den Nachbarländern Chinas zu einer begehrten Ware. In der anschließenden Sung-Dynastie beschäftigten sich die Experten mit neuen Geschmacksvarianten. So kamen in weiteren Provinzen des Reiches der Mitte beispielsweise blumige Teesorten in Mode.

1279-1368
Die Mogul-Herrscher hatten in China nicht allzu viel mit Tee im Sinn. Erst unter den Ming-Kaisern stieg die Popularität wieder an. Sicherlich auch deshalb, weil in dieser Zeit das Fermentieren erfunden wurde. Dieses Verfahren ermöglichte die Herstellung neuer Sorten wie etwa den Schwarzen Tee oder Oolong.

1492
Applaus für den Erfinder aus Yi-Xing. Die erste Teekanne kam auf den Markt.

1610
Die Niederlande betraten die internationale Bühne und griffen in den Teehandel ein. Die neu gegründete Holländische Ostindien-Kompanie brachte auf dem Seeweg über Java den ersten Grüntee aus Japan und Schwarztee aus China in die Heimat. Ein langer, anstrengender Weg. Bis zu einem Jahr waren die Schiffe

unterwegs. Kein Wunder, dass die Qualität des Tees bei seiner Ankunft im Bestimmungshafen nicht besonders gut war.

1618
Der russische Gesandte Wassilij Storkow wählte stattdessen den nicht weniger beschwerlichen Landweg, um 200 Kisten Tee aus China als Geschenk für den Zaren mit einer Karawane ans Ziel zu schaffen.

1644
Wieder sorgten die Holländer für einen Eintrag im Geschichts-Kalender. Denn sie waren es, die in diesem Jahr die ersten 100 Pfund Tee nach England brachten. Damit begann dort eine neue Erfolgsstory, die bis heute andauert.

1657
Die beliebten Coffee-Shops auf der Insel wurden hier und da in Tea-Houses unbenannt. Den Anstoß gab seinerzeit der Engländer Thomas Garrington, als er in seinem Café mit dem Ausschank von Tee begann. Eine Entscheidung, die das Getränk der Allgemeinheit zugänglich machte und die Nachfrage beflügelte. Bislang zählte Tee zu den exklusiven Getränken, die dem Adel vorbehalten waren.

1658
Die Werbung entdeckte die gesunde Wirkung von Tee auf Körper und Geist. Flyer sorgten für die Verbreitung der interessanten Informationen.

1717
Es sollte dann trotzdem noch über fünfzig Jahre dauern, bis in London der erste Teeladen eröffnete.

1773
Als die Briten den Tee in die Neue Welt brachten, nutzten sie die Gelegenheit, die Exportware mit hohen Steuern zu belegen. Sehr zum Unwillen der Amerikaner, die das Teetrinken mittlerweile sehr schätzten. Es kam, wie es kommen musste. Am 16. Dezember 1773 enterten Mitglieder der Freimaurerloge Saint Andrew in Boston als Indianer verkleidet die im Hafen ankernden Schiffe der East-India-Company und warfen 342 Kisten Tee über Bord. Immerhin drei komplette Ladungen. Die Aktion ging als Boston Tea Party in die Chronik ein. Strafaktionen der britischen Regierung folgten, die sich diese Rebellion nicht gefallen lassen wollte. Als Gegenmaßnahme beschlossen die amerikanischen Provinzen ihrerseits einen Boykott gegen das britische Mutterland. Im April 1775 führte die Eskalation zum Ausbruch des Amerikanischen Unabhängigkeitskrieges.

1848

Die Ostindische Kompanie schickte Robert Fortun als Missonär nach China, um dort Teepflanzen zu beschaffen. Ziel der Aktion: Durch den Anbau in Indien sollte das Monopol der Chinesen gebrochen werden. In einem Zeitraum von drei Jahren gelang es, über 3000 Stecklinge auszuführen. Bei seinem Aufenthalt im Reich der Mitte entdeckte er zudem als erster Europäer, dass Grüner und Schwarzer Tee aus derselben Pflanze gewonnen werden.

1860

Bei seinen Experimenten mit Teesamen in den königlichen Botanischen Gärten von Peradeniya im heutigen Sri Lanka konnte der Schotte James Taylor vielversprechende Ergebnisse erzielen, die er erfolgreich umzusetzen verstand. So entwickelter sich wenig später die zehn Hektar große Plantage Loolecondera zu einem Musterbetrieb für den kommerziellen Tee-Anbau unter der heute noch gebräuchlichen Herkunftsbezeichnung Ceylon, einem Signet für Qualität und exzellenten Geschmack.

1904

Premiere für eine Innovation auf der Weltausstellung in St. Louis. Anlass für die Erfindung lieferte das Sommerwetter, in dem kein Besucher den heißen Tee auf dem Stand von Richard Blechynden probieren wollte. In dieser Situation kam der Kaufmann auf die geniale Marketing-Idee, den frisch gebrühten Schwarztee kurzerhand über Eiswürfel zu gießen. Voila: Der Iced Tea war geboren und wurde von den Amerikanern auf der Messe begeistert angenommen.

Kult + Kultur

Tradition in Blau-Weiß

China und Tee sind für uns Europäer untrennbar mit dem berühmten Blau-Weiß-Porzellan verbunden. Historische Funde derartiger Teeschalen aus den Dynastien der Song und Yuan belegen das frühe Vorkommen solcher Geschirre, von denen im Übrigen auch Marco Polo in seinem Reisebericht *Il Milione* berichtete. Die Blütezeit des beliebten blau-weißen Porzellans datiert jedoch in die Ming-Zeit. Die größte Fabrikation befand sich in der Provinz Jiangxi in der Stadt Jingdezhen. Zu den klassischen Dekoren mit Ornamenten, Geometrien und floralen Motiven kamen im Laufe der Jahre üppigere Muster hinzu. Etwa Szenen aus dem höfischen Leben, Landschaftsbilder oder auch Symbole aus der Geisteswelt. Sicherlich eine Referenz an den Geschmack der internationalen Abnehmer, die ihre speziellen Vorstellungen von der Formensprache und Ästhetik chinesischen Kunsthandwerks besaßen.

Tabula rasa durch die Kulturrevolution

Nach dem Opiumkrieg gingen die Aufträge für die Töpfer und Porzellan-Produzenten merklich zurück. Die neuen Teenationen erzeugten ihre eigenen Kreationen zum Thema Teegeschirr, was die Nachfrage in China spürbar senkte. Die Kulturrevolution unter Mao brachte dann das endgültige Aus für jegliches künstlerisches Schaffen in der Volksrepublik, da dies als reaktionär angesehen wurde.

Mehr noch. In dem schlimmen Jahrzehnt der Unterdrückung von 1966 bis 1977 mussten die meisten Teehäuser schließen; das Teezeremoniell in der Öffentlichkeit wurde untersagt. Aus diesem Grund verließen neben zahlreichen Intellektuellen auch viele Teemeister das Land und fanden zumeist Aufnahme in Taiwan. Erst seit dem wirtschaftlichen Aufschwung des Landes besinnt man sich in China verstärkt auf die altbewährte Tradition des Teerituals, das allerdings niemals derart strengen Regeln unterlag wie die japanische Zeremonie.

Anstoß für das veränderte Denken gab Deng Xiaoping, der 1979 bis 97 die Republik anführte und eine behutsame Reformpolitik verfolgte. Unter seiner Ägide galten die Traditionen im Gegensatz zur Mao-Doktrin als zielführend für die wirtschaftlichen und gesellschaftlichen Vorhaben. So wurde unter anderem der Genuss von Tee nicht mehr als Symbol der Ausbeuterklasse gebrandmarkt, sondern als Bestandteil einer Kultur gewertet, die von einem Sozialismus chinesischer Prägung bestimmt ist. Ein überfälliger Schritt in die richtige Richtung. Denn als weltgrößter Teelieferant der Welt, der 2018 rund 2,8 Millionen Tonnen produzierte, wäre die Regierung auf Dauer wohl in Schwierigkeiten geraten beim Versuch zu erklären, weshalb Tee als eines der wichtigsten Erzeugnisse ausgerechnet im Land selbst einen derart schlechten Ruf besitzt.

Geschmäcker sind verschieden

Chinesen trinken zumeist grünen Tee ohne weitere Zusätze. Es gibt aber durchaus auch regionale Vorlieben wie beispielsweise in Peking, wo der parfümierte Jasmintee viele Freunde hat. Nicht jedermanns Geschmack dürfte der mit Yak-Butter angereicherte Tee sein, der in Tibet Gästen serviert wird. Von mongolischen Hirten wiederum ist die Sitte bekannt, den Tee mit etwas Milch und einer Prise Salz zu würzen. In der Provinz Hunan bekommt der Besuch seinen Tee dagegen mit gerösteten Sojabohnen, Sesam und Ingwerscheiben, die im Anschluss aus der leeren Tasse gelöffelt werden.

Überhaupt ist es in China guter Brauch, Gäste zum Zeichen der Wertschätzung mit Tee zu bewirten. Diese Gepflogenheit hat sich bis in den Umgang innerhalb der Familie erhalten. So bieten jüngere Mitglieder den älteren Verwandten oftmals eine Schale Tee an, um ihre Ehrerbietung zu zeigen. In früherer Zeit war es generell üblich, dass an jedem Morgen das älteste Kind im Namen der übrigen Geschwister den Eltern eine Tasse Tee reichte.

Heiraten niemals ohne

Eine wichtige Rolle spielte der Tee rund um das Thema Verlobung und Hochzeit. Präsente für die Braut heißen heute noch Teegeschenke in Erinnerung an die Song-Zeit. Damals gehörte es zum gesellschaftlichen Benimm, der Familie der künftigen Ehefrau Tee zu überbringen – eine Aufgabe, die meist dem Heiratsvermittler als sogenanntem Teedosen-Träger zukam.

In der Provinz Jiangsu war der Bräutigam gut beraten, am Tag der Trauung nicht allzu viel zu trinken. Denn er musste im Haus der Braut zunächst drei Tassen „Tee des Türöffners" zu sich nehmen, bevor er auf seine Verlobte warten durfte. Selbst in der Hochzeitsnacht kamen die frisch Vermählten nicht um den Tee herum. Zunächst wurde den versammelten Gästen reihum Tee angeboten, die sich für die Erfrischung mit Geldgeschenken bedankten. Am Ende leerten die frisch getrauten Eheleute gemeinsam eine Tasse Tee „für die Zusammenführung der Kopfkissen", wie die Chinesen das Zusammenschlafen phantasievoll umschrieben.

Bei den Bai, einer der 56 anerkannten Nationalitäten in der Volksrepublik China, geht man sogar noch weiter. Hier halten sich die Hochzeitsgäste direkt im Schlafzimmer des Paares auf, das den Anwesenden vor dem Zubettgehen jeweils dreimal hintereinander verschiedene Tees kredenzt. Zunächst den bitteren, dann eine mit Nusskernen versetzte, mildere Variante und zum Schluss den süßen Milchtee. Gut denkbar, dass damit der Weg zu einer erfüllten Beziehung symbolisiert werden soll. Anfangs mühsam und holprig, später ein Stück unbeschwerter und am Ende glücklich und erfolgreich.

Eigentlich erübrigt sich an dieser Stelle der Hinweis, dass sich eine wohlerzogene Schwiegertochter in früherer Zeit darauf verstehen musste, exzellenten Tee zuzubereiten. Schummeln galt nicht. Denn spätestens am Morgen nach der

Hochzeit war für die junge Frau der Moment der Wahrheit gekommen, wenn sie gemeinsam mit ihrem Gatten dessen Eltern den Tee zu bringen hatte. Und wehe, das Getränk erfüllte nicht die hohen Erwartungen der Schwiegermutter …

Kluntje und 'n Wulkje Rohm

Die Teetied in Ostfriesland folgt einer einfachen Regel: Wat mutt, dat mutt. So, wie es das Brauchtum beschreibt. Zunächst kommt ein großes Stück Kandiszucker in die Tasse, danach wird der Tee eingegossen, wobei der Kluntje zu knistern beginnt. Nun gibt man die Sahne über den gebogenen Rohmlepel am Tassenrand entlang vorsichtig in die Flüssigkeit, so dass ein Wölkchen entsteht – die typische Wulkje Rohm. Oft macht sich die versammelte Teegesellschaft einen Spaß daraus, aus den Wolkenbildern ein Symbol für die Zukunft zu erkennen. Ähnlich dem Zinngießen an Silvester.

Weder gerührt noch geschüttelt

Das Einlaufen der Sahne läuft gegen den Uhrzeigersinn. Ein Hinweis darauf, dass jetzt der Moment zur Entschleunigung angebrochen ist und die Zeit angehalten werden sollte. Übrigens trinken die Ostfriesen ihre Teemischung aus kräftigen Sorten wie Assam und Darjeeling ohne umzurühren, um ein schnelles Auflösen des Zuckers zu vermeiden. Auch das hat Tradition. Zum einen war Kandis in der Vergangenheit recht teuer, weshalb der Kluntje für mehr als eine Tasse Tee reichen musste. Zum anderen wird der Tee oftmals überzuckert, wenn der komplette Kandis-Brocken auf einmal zerfällt. Richtig zubereitet, entsteht ein besonderes Geschmackserlebnis in drei Wellen. Zuerst die milchige Variante am Tassenrand, dann das herbe Aroma aus der Mitte und zum Schluss die Süße bei den letzten Schlucken, wenn sich der Zucker auf dem Boden abgesetzt hat.

Und es gibt noch eine spezielle Eigenart der Teetied, die gewöhnlich nachmittags gegen drei Uhr anfängt. Jeder Teilnehmer muss mindestens drei Tassen Tee zu sich nehmen. Weniger gilt als unhöflich.

Der neue Liebling der Wirtschaft

Es ist zwar erstaunlich, aber letztendlich kein Zufall, dass Teetrinken in diesem Landstrich sich solch großer Beliebtheit erfreut. Bevor ab 1606 die Schiffe der Niederländischen Ostindien-Kompanie die ersten Teeladungen nach Europa brachten, wurde in Ostfriesland bevorzugt Bier getrunken. Dies sollte sich ändern, als Seeleute mit eigenen Clippern den Tee in ihre Heimat einführten. Die geschäftstüchtigen Ostfriesen witterten in der Vermarktung des neuen exotischen Erzeugnisses einen guten Profit und bauten den Teehandel zügig zu einer florierenden Branche aus.

Während sich das Teetrinken im 18. Jahrhundert im gesamten ostfriesischen Raum zu einer lieben Gewohnheit entwickelte, wurde der Rohstoff selbst zum Streitobjekt der Politik. Zunächst schienen die Aussichten für die Wirtschaft durchaus erfreulich zu sein. Mit Unterstützung auf höchster Ebene. 1751 gründete Friedrich der Große die Königliche Preußisch-Asiatische Compagnie in Emden, verschaffte den Kaufleuten damit einen Zugang zur Nordsee und förderte die Handelsbeziehungen nach Übersee auf lukrative Weise.

Untergang und Widerstand

Mit Beginn des Siebenjährigen Krieges fünf Jahre später geriet das vielversprechende Geschäftsmodell in bedrohliche Schieflage. Als französische Truppen in Ostfriesland einmarschierten, flüchtete der Direktor der Compagnie, Johann Gottfried Teegel, mit dem Dreimaster ‚König von Preußen' und dem gesamten liquiden Kapital der Gesellschaft in die Niederlande. Nach Kriegsende war das Aus der so erfolgreichen Handelskompanie besiegelt, was in der Folge auch die Kontakte zu den Teeproduzenten China und Kanton erschwerte.

Dies erklärt, dass die Obrigkeit mit seiner Majestät an der Spitze alles daran setzte, den Ostfriesen das Teetrinken abzugewöhnen. Das „chinesische Drachengift" wurde verunglimpft und verteufelt, die angebliche Verschwendung von Steuereinnahmen und das Abfließen von Geldern ins Ausland durch den Teekonsum beklagt und sogar die Wiederaufnahme des Bierbrauens empfohlen. Alles vergeblich, Die Ostfriesen reagierten auf die Appelle mit zivilem Ungehorsam, heimlichem Teegenuss und verstärktem Schmuggel. Doch es sollte noch rund zwei Jahre dauern, bis der König von Preußen sein Scheitern einsah und den widerspenstigen Untertanen im Norden das Teetrinken wieder erlaubte.

Der Zweck heiligt die Mittel

Nebenbei: Das Schmuggeln in dieser Zeit erwies sich als hilfreiche Übung, die sich während der Kontinentalsperre unter Napoleon von 1806 bis 1814 auszahlte. Als auch in diesen Jahren der Tee-Import offiziell nahezu zum Erliegen kam, fanden die Ostfriesen immer noch Mittel und Wege, um an das begehrte Gut zu gelangen.

So verstanden es die Ostfriesen auch in den nachfolgenden Notzeiten, sich mit intelligenten Ideen ihre gewohnten Tee-Rationen zu sichern. Zum Beispiel nach dem Zweiten Weltkrieg beim Hamstern im Ruhrgebiet, wo sie die Schwerstarbeiter-Teezulagen der Bergleute gegen Speck und Eier eintauschten.

Wie die Zeitläufte auch spielten: Die Teetied ist in Ostfriesland über die Jahrhunderte hinweg bis heute ein wertvoller Bestandteil gastlicher Geselligkeit geblieben und wurde 2016 von der Deutschen UNESCO-Kommission als Immaterielles Kulturerbe anerkannt.

Der Weg des Tees

Es war Sen no Rikyu, der 1564 die Regeln für eine Tee-Zeremonie in Wort und Schrift festlegte. Aufgeschrieben auf der Wand des ersten Tee-Hauses in Japan in Higashiyama-ku, einem Stadtteil von Kyoto. In dieser Aufzeichnung postulierte der berühmte Teemeister vier Prinzipien, die bei dem Ritual Beachtung finden sollten: Wa, die Harmonie. Kei, der Respekt. Sei, die Reinheit und Jaku, die Stille. Zusammengefasst ergeben die genannten Grundsätze den Weg des Tees, der für die *cha-no-yu*-Zeremonie bis heute richtungsweisende Bedeutung hat.

Die weisen Worte des Meisters

Hierzu passt eine Legende, die das Wesen dieser philosophischen Auslegung interpretiert. Wie die Chronik berichtet, fragte ein Schüler den weisen Rikyu nach den wichtigsten Dingen, die bei einer zeremoniellen Tee-Zusammenkunft unbedingt berücksichtigt werden müssen. Die Antwort des Meisters lautete sinngemäß: „Richte eine köstliche Schale Tee an. Lege die Holzkohle so, dass sie das Wasser erhitzt. Ordne die Blumen in der Weise, wie sie auf dem Feld wachsen. Erzeuge im Sommer ein Gefühl der Kühle, im Winter warme Geborgenheit. Bereite alles rechtzeitig vor. Erwarte den Regen und schenke jenen, mit denen du zusammenkommst, dein ganzes Herz." Der Schüler fand nichts Bemerkenswertes an diesen Worten und entgegnete etwas unwirsch: „Das alles weiß ich bereits." Worauf Rikyu entgegnete: „Wenn du eine Tee-Zusammenkunft leiten kannst, ohne von einer der Regeln abzuweichen, die ich dir nannte – dann will ich dein Schüler werden."

Philosophie und Praxis

Natürlich lassen sich die vier Prinzipien des Teewegs *wa-kei-sei-jaku* auch in konkrete Maßnahmen umsetzen. Zunächst die Harmonie. Speisen und verwendete Utensilien sind aufeinander abgestimmt; das Versenken in den Ablauf der Zeremonie, verbunden mit dem wechselnden Rhythmus der Jahreszeiten und dem Einklang des Menschen mit sich und der Natur, schafft zwischen Gastgeber und Gästen ein Gefühl von Verständnis und Übereinstimmung. Der Respekt entsteht aus Dankbarkeit und äußert sich im achtungsvollen Umgang untereinander, aber auch in der sorgsamen Handhabung der Gegenstände. Reinheit erklärt sich eigentlich von selbst, womit allerdings nicht allein die Sauberkeit der Gerätschaften gemeint ist, sondern auch die Ordnung in Geist und Herzen.

Um sich vom Staub des Alltags zu befreien, waschen sich zudem die Teilnehmer am *cha-no-yu* vorab die Hände und spülen den Mund aus. Bleibt noch die Stille. Auch hier schließt der Begriff mehr ein als die ursächliche Bedeutung. Denn zur Ruhe kommt die innere Einkehr hinzu, die auf die Gemeinschaft ausstrahlt und eine positive Wirkung ausübt. So findet jeder den rechten Weg, wenn er den Regeln des *wa-kei-sei-jaku* folgt.

Willkommen beim cha-no-yu

Die Übersetzung der Bezeichnung für die japanische Tee-Zeremonie klingt wenig aufregend. Sie meint nichts anderes als ‚Heißes Wasser für Tee'. Doch hinter diesen simplen Worten steckt selbstverständlich viel, viel mehr.

Zunächst ein Blick zurück zum Ursprung. Erste Abhandlungen über die heilsame Wirkung des Teetrinkens stammen von Abt Eisai, der im 13. Jahrhundert lebte. Der fromme Mann beschrieb nicht nur die positiven Einflüsse auf die Gesundheit, sondern legte zudem fest, wie das Getränk zubereitet und genossen werden sollte. Die Chronik verortet jedoch die eigentlichen Erfinder des Rituals in die Mitte des 15. Jahrhunderts. Hier entwickelten der buddhistische Abt Shogu und sein Herr, der Shogun Ashikaga Yoshimasa, für die Tee-Zeremonie erstmals eine Art verbindliches Regelwerk.

Der Erbauer des Silber-Pavillons in Kyoto hatte seinerzeit sämtliche Regierungsämter niedergelegt, um sich ganz den schönen Künsten zu widmen. So nahm er sich unter anderem auch die Gebräuche beim Teetrinken vor und verfeinerte sie zu einer Handlung mit Kult-Charakter. Dazu gehörte, sämtliche verwendeten Gegenstände nach den neuen Regeln auszusuchen. Authentizität bei allem und jedem war gefragt. Eine Maxime, die bis heute gilt und auch eingehalten wird.

Ein Ort der Ruhe und Einkehr

Auch wenn sich während der folgenden Jahrhunderte das eine oder andere Detail geringfügig geändert hat, blieb der formale Ablauf gleich. Zu den wichtigsten Dingen, die beim *cha-no-yu* unverzichtbar sind, zählen die Trinkschale, die Dosen für kräftige und leichtere Teesorten, die beiden Gefäße für frisches und gebrauchtes, Wasser, das bewegliche Kohlebecken, der eiserne Wasserkessel sowie Bambuslöffel und Teebesen.

Darüber hinaus spielt der Ort der Zeremonie im Reglement eine entscheidende Rolle. Speziell zu diesem Zweck entstanden in der Zeit der kriegsführenden Lande zwischen1477 und 1573 die Vorläufer der bis jetzt gebräuchlichen Teehäuser. Meist in einem kleinen Garten gelegen, bieten die im traditionellen Stil errichteten Gebäude aus Holz und Bambus mit ihren karg möblierten zwei Räumen ein Refugium der Ruhe und Einkehr. Die Decken der winzigen Zimmer sind so niedrig, dass Gastgeber und Gäste das Ritual im Sitzen auf den ausgelegten Tatami-Matten durchführen.

Alles in bester Ordnung

Nach der Reinigung im Warteraum nimmt die Gesellschaft im Innern des Teehauses zunächst ein mehrgängiges Mahl aus leichten Speisen zu sich, bevor mit fünf Gongschlägen das eigentliche *cha-no-yu* beginnt. Der Tee-Meister hat derweil die Vorbereitungen abgeschlossen und die benötigten Utensilien vorschriftsmäßig angeordnet, die während der Zeremonie nochmals sorgfältig gereinigt werden. Auch das Aufbrühen des Tees mit dem abschließenden Schaumig-Schlagen der Flüssigkeit folgt genauen Vorgaben. Ist der Tee fertig, wird die gefüllte Schale an den Hauptgast gereicht, der das Gefäß zweimal in seiner Hand dreht und drei Schluck trinkt. Danach geht die Schale zurück an den Gastgeber, der sie reinigt, erneut auffüllt und an den nächsten Teilnehmer der Zusammenkunft weiterreicht. Während die Schale reihum geht, herrscht Schweigen im Raum. Erst am Ende des *cha-no-yu* ist es erlaubt, die Ruhe zu brechen und einen Small-Talk rund ums Thema Tee anzufangen.

Bleibt festzustellen, dass der Mythos Tee in kaum einem anderen Land einen derart nachhaltigen Einfluss auf die Kultur hat wie in Japan.

Five o' clock

Fünf Uhr nachmittags. Tea Time in England. Und schon befinden wir uns im Irrtum. Denn die Briten trinken ihren Tee zu den unterschiedlichsten Tageszeiten. Zugegebenermaßen nicht immer so stilvoll und üppig mit Beilagen serviert wie am Nachmittag. Aber abgesehen davon fast rund um die Uhr. Beispielsweise wird der Early Morning Tea noch im Bett genossen, es folgt der Breaktfast Tea zum Frühstück, wenig später noch vor dem Mittagsessen kommt der Elevensen an die Reihe. Und auch nach dem traditionellen Nachmitttags-Tee bleibt auf der Insel in den meisten Haushalten die Teekanne sicher nicht leer, sondern wird bis spät in die Nacht noch die eine oder andere Tasse füllen.

Dankeschön an die Lady

Aber bleiben wir an dieser Stelle bei der bekannten Variante am Nachmittag. Die Engländer haben den Afternoon Tea einer gewissen Lady Bedford, seinerzeit Hofdame der Queen Victoria, zu verdanken. Die adelige Britin fühlte sich am späteren Nachmittag oft etwas flau im Magen. Wahrscheinlich lag dieses Unwohlsein daran, dass zwischen dem leichten Lunch und dem Dinner am Abend zu viel Zeit verging und sich der kleine Hunger meldete. Die Lady beendete das unangenehme Magenknurren auf appetitliche Weise, indem sich sie sich zu ihrer gewohnten Tasse Tee am Nachmittag einen Imbiss bringen ließ. Schnell wurde es Brauch, auch ihren Gästen im Salon solch eine schmackhafte Zwischenmahlzeit zu servieren. Die Gesellschaft zeigte sich begeistert und langte kräftig zu. Kein Wunder also, dass der Afternoon Tea der Lady Beford rasch zum Vorbild einer Tea Time der besonderen Art wurde.

Köstlichkeiten für den großen Hunger

Die Tradition hat sich bis jetzt gehalten. Gut möglich, dass die Zutaten zur nachmittäglichen Zeremonie heutzutage etwas reichhaltiger ausfallen. So reichhaltig, dass sich häufig das Abendessen erübrigt.

Auf dem mit feinem Porzellan gedeckten Teetisch laden Köstlichkeiten wie Scones mit Creme double, Shortbreads, Cupcakes, Crumbles, aber auch die berühmten Gurkensandwiches zum Schlemmen ein. Fehlen darf selbstverständlich auch nicht der englische Teekuchen, dessen Rezeptur auf das 17. Jahrhundert zurückgeht. Mittlerweile wird der Früchtekuchen weniger mächtig, aber nicht weniger lecker zubereitet.

Das Rezept

Die Zutaten
für einen Kuchen

250 g weiche Butter
200 g Zucker
250 g Mehl
1 Prise Salz
abgeriebene Schale einer ungespritzten Zitrone
1 Pck. Vanillezucker
½ Pck. Backpulver
4 Eier
1 El Rum
Jeweils 65 g Zitronat und Orangeat
250 g Rosinen
100 g kandierte Kirschen
50 g Mehl

So wird's gemacht:

Zerlassene Butter schaumig schlagen. Zucker, Vanillezucker, Salz, Zitronenabrieb und die Eier hinzufügen. Die Masse cremig rühren. Danach 250 g Mehl und Backpulver einarbeiten, den Rum dazu geben. Nun die Früchte grob hacken, mit den Rosinen und 50 g Mehl vermischen. Das Ganze unter den Teig heben, der jetzt in eine gefettete Kastenform gefüllt und glatt gestrichen wird. Mit Zucker bestreuen und bei 180° C etwa 60 bis 80 Minuten backen.

Clipper ahoi

Tempo war alles. Wer am schnellsten den begehrten Tee nach England liefern konnte, hatte im 19. Jahrhundert die Nase vorn. Die unschlagbaren Hochgeschwindigkeits-Segler der Zeit stammten damals aus den USA, Clipper genannt. Der Name passte hervorragend, denn die stromlinienförmig gebauten Dreimaster schnitten mit ihrer überdurchschnittlich großen Segelfläche von bis zu 3000 qm buchstäblich durch die Wellen und erreichten bis zu 20 Knoten. Die bislang eingesetzten Ostindienfahrer konnten bei dieser Konkurrenz nicht mithalten. Denn für eine Tour von China nach London und zurück benötigten ihre schwerfälligen Transportschiffe mindestens zwei Jahre – ein eleganter, windschnittiger Clipper brauchte für dieselbe Strecke rund 200 Tage.

Great Britain rules the waves

Zunächst übernahmen die Amerikaner die Führung im Tee-Export übers Meer. Doch das sollte sich ändern, als 1852 ein britischer Reeder mit seinem Clipper „Challenger" den US-Wettbewerber namens „Challenge" zum Wettrennen Kanton-London aufforderte. Am Ende brach Riesen-Jubel an der Themse aus. Denn die Britin hatte für die Reise nur 112 Tage gebraucht; zwei weniger als die Wettbewerberin aus den Staaten. Drei Jahre später beherrschten wieder die Engländer die Meere, denn die Amerikaner hatten sich weitgehend aus dem Tee-Export zurückgezogen. Die Rennen der Tee-Clipper aber blieben, denn sie hatten schon längst Kult-Status entwickelt.

Ein Rennen über die Meere der Welt

In die Geschichte eingegangen ist vor allem die berühmteste aller Regatten auf der Tee-Route: The Great Tea Race of 1866. Zwischen dem 29. Mai und dem 6. Juni des Jahres stachen neun Schiffe von China aus in See, um die neue Tee-Ernte die lange Strecke über 16.000 Meilen von Foochow nach London zu bringen. Die beschwerliche Reise führte über die damals schnellstmögliche Route durch das Südchinesische Meer, die Sunda-Straße und über den Indischen Ozean, um das Kap der Guten Hoffnung herum und den Atlantischen Ozean hinauf bis zum Ärmelkanal.

Von Stürmen und schweren Turbulenzen gebeutelt, erreichten die ersten fünf Segler in einem Abstand von nur drei Tagen den Zielhafen. Insgesamt hatten die *Ariel* und die *Taeping* 99 Tage benötigt, um drei Viertel des Erdballs zu umsegeln, bis sie fast Seite an Seite den Ärmelkanal durchquerten. In einem hoch dramatischen Endspurt gewann die *Taeping* mit einem Vorsprung von 20 Minuten das spannende Rennen. Ein geldwerter Sieg. Denn der erste Platz in diesem Rennen wurde mit einer zusätzlichen Prämie von zehn Schilling pro Tonne Tee belohnt. Geladen hatte die *Taeping* auf dieser Tour 1.108,70 Pfund. Sechs Jahre später wurde der Segler auf einer Reise nach China vermisst; Konkurrentin *Ariel* war bereits 1871 im Chinesischen Meer wrackgelaufen.

Bessere Leistung unter Dampf

Nur drei Jahre nach diesem spektakulären Wettrennen ging die ruhmreiche Ära der Tee-Clipper abrupt zu Ende. Mit der Eröffnung des Suez-Kanals 1869 verkürzte sich der Seeweg zwischen Großbritannien und Asien gewaltig; die Clipper waren aufgrund der ungünstigen Windverhältnisse im Roten Meer aber nach wie vor darauf angewiesen, die bisherige Strecke zu nehmen. Damit kam die große Stunde der Dampfschiffe, die mit dem Wetter keine Probleme hatten. Und: Die Pötte brauchten lediglich 60 Tage, um Handelsgüter von China nach England zu verschiffen.

Rettung für den Letzten seiner Art

Einen letzten Triumph konnten die Clipper jedoch noch einfahren. Zwar nicht auf dem klassischen Tee-Weg, sondern zwischen Sydney und London. Hier überholte der britische Clipper „Cutty Sark“, der australische Wolle für Europa geladen hatte, den Schnelldampfer „Britannia“. Aller Voraussicht nach hätte den eleganten Segler trotzdem das gleiche Schicksal wie die anderen Clipper ereilt. Doch das Ausschlachten auf einer Abwrack-Werft blieb ihm erspart.

Ein Kapitän, der seinerzeit als Schiffsjunge auf der „Cutty Sark“ angeheuert hatte, kaufte das ausgediente Schiff und setzte es wieder in den originalen Stand. Heute liegt der letzte Tee-Clipper seiner Art am Themse-Kai im Londoner Stadtteil Greenwich vor Anker. Als Andenken an einer kurze, aber deshalb nicht weniger stolze Epoche der britischen Schifffahrts-Geschichte,

Und die Musik spielt dazu

Den Argentiniern sei gedankt. Als der Tango um 1913 von dort nach Europa kam, brachte er auch in die gemütliche Teestunde am Nachmittag neuen Schwung. Der Tanztee wurde zum Hit vor allem bei jungen Leuten, die mit Begeisterung die zwanglose Gelegenheit nutzten, Gleichaltrige des anderen Geschlechts kennenzulernen. Ohne den kritischen Blick der älteren Generation fürchten zu müssen.

In den Zwanziger Jahren erreichten die Veranstaltungen ihren Höhepunkt. Zwischen Tee und Häppchen wurde getanzt, was die Sohlen hielten. Schauplatz des gesellschaftlichen Vergnügens waren zumeist öffentliche Teehäuser, aber auch Hotels machten sich den Trend zunutze, um neue Gäste zu gewinnen. Noch in den Vierzigern trafen sich Jung und Alt in England beispielsweise am Sonntagnachmittag gerne zum Tanztee.

Lust auf Veränderung

Nach dem Krieg begann eine Zeitenwende, die auch am beliebten Tanztee nicht spurlos vorbeiging. Denn nun lautete die Parole: Let's have a party! Der brave Schwoof rund um den Teetisch war passé, jetzt war die Cocktail-Party das gesellschaftliche High-Light für Kontaktpflege, Flirten und Small-Talk mit Niveau.

Tröstlich: Der Tee hat die Veränderung schadlos überlebt und wird nach wie vor oft und reichlich genossen. Auch ohne das Tanzbein zu schwingen.

Die Wurst zum Tee

Jeder kennt sie. Viele mögen sie. Die Teewurst, seit über hundert Jahren ein beliebter Klassiker zu Brot und Brötchen.

Der Ort, an dem die Karriere des leckeren Aufstrichs begann, war Rügenwalde in Hinterpommern. Die Stadt galt im 19. Jahrhundert als ein Zentrum der Wurstherstellung. Aus gutem Grund. Als Anlaufstelle für Gewürzladungen, die per Schiff aus aller Welt hierher gebracht wurden, versorgte der Hafen die ansässigen Fabrikationen mit sämtlichen Zutaten, die für eine perfekte Produktion von Wurst und Fleischwaren nötig waren. Darüber hinaus eröffnete die Anbindung ans Meer schnelle Transportwege für den Handel, um die begehrten Köstlichkeiten aus Rügenwalde zu den Abnehmern in nah und fern zu liefern.

Erfolg auf einen Streich

Anno 1900 kam Carl Müller, Sohn des gleichnamigen Gründers der Rügenwalder Wurstfabrik, auf eine grandiose Idee. Immer schon experimentierfreudig unterwegs, entwickelte er eine Qualität mit außerordentlichen Eigenschaften, die den damaligen Wurstmarkt gründlich aufmischen sollte. Denn solch eine Spezialität hatte es bisher noch nicht gegeben. Zum einen zeichnete sich die neue Wurst durch einen einzigartigen würzigen Geschmack aus. Zum anderen machte das ungewöhnliche Herstellungsverfahren die Novität zu etwas ganz Besonderem: Alle Zutaten wurden so lange zerkleinert und fein gemahlen, bis eine streichfähige Masse erreicht wurde. Das konnte dauern, da zu dieser Zeit noch keine für diesen Zweck geeigneten Maschinen zur Verfügung standen. Damit nicht genug. Die Wurst benötigte zudem einen gewissen Reifegrad im Rauch, um das volle Aroma zu erhalten.

Doch der Aufwand lohnte sich. Carl Müllers Erfindung war vergleichsweise preisgünstig und daher auch für die Arbeiterklasse erschwinglich, die sich mit ihrem geringen Lohn damals nur selten Fleisch und Wurst leisten konnte. Außerdem steckte noch ein weiterer Vorteil in der innovativen Wurst: Die neue Streichfähige enthielt so viel Fettkalorien, dass schon kleine Mengen auf dem Brot ausreichten, um satt zu werden.

Irrtum nicht ausgeschlossen

Allerdings lässt die Erfolgsgeschichte eine wichtige Frage offen: Was hat die Wurst eigentlich mit Tee zu tun? Nicht viel. Denn anders, als mancher vermutet, gibt es in dem Gemisch von Schweine- und Rindfleisch, Speck, Salz, Muskat und Paprika, Piment, Zucker und Kardamom nicht die geringste Spur von Tee in jeglicher Form. Also hat sich die schmackhafte Teewurst in mehr als hundert Jahren unter falschem Namen einen festen Platz in der Verbrauchergunst erobert?

Haben wir es hier mit einem speziellen Fall von irreführendem Durchwursteln zu tun? Keineswegs.

Kehren wir deshalb noch einmal zum Anfang der Geschichte zurück. In Rügenwalde und Umgebung hatte es sich rasch herumgesprochen, dass Carl Müller in seiner Wurstfabrik etwas außergewöhnlich Delikates entwickelt hatte. Und so wurde es in zahlreichen bürgerlichen Haushalten üblich, zur Teestunde am Nachmittag nicht nur das gewohnte süße Gebäck zu reichen, sondern als pikante Ergänzung einige Häppchen mit der neuen Wurstkreation zu servieren. Im Laufe der Zeit kamen immer mehr Leute auf den Geschmack. Von nun an durfte die ‚Rügenwalder' auf keinem gedeckten Teetisch mehr fehlen. Auf diese Weise kam die Teewurst zu ihrem Namen.

Übrigens ist die Rügenwalder Teewurst bereits seit 1927 als geografische Herkunftsbezeichnung gesetzlich geschützt.

Ganz schön praktisch

Was Hübsches zum Warmhalten

In den traditionsreichen Tee-Ländern Japan und China kannte man die niedlichen kleinen Damen ohne Unterleib schon lange. In Deutschland tauchten die sogenannten Half-Dolls allerdings erst um 1900 auf.

Bis zu 15 cm groß, übernahmen die Porzellanpüppchen zuverlässig die Aufgabe, für die sie gemacht wurden: Das Warmhalten der Teekanne. Zu diesem Zweck befanden sich unten am Körper zwei Löcher, in denen die weiten, meist gefütterten oder wattierten Stoffröcke befestigt wurden. Damit entwickelten sich die Teepuppen schnell zu einer dekorativen Alternative zu den herkömmlichen Wärmehauben mit einem Kugelknopf oben an der Spitze. Über die Kanne gestülpt, ersetzten sie zudem das Stövchen zumindest für eine ganze Weile.

Feine Damen aus Porzellan

Der Nachfrage-Boom rief hier und in den Nachbarländern etliche Porzellan-Manufakturen von Rang und Namen auf den Plan. Dort entstanden künstlerisch wertvolle Kreationen mit perfekt ausgearbeiteten Körpern und fein bemalten Gesichtern, die oft bekannten Persönlichkeiten aus Schauspiel, Tanz und Gesellschaft nachgebildet waren.

Kein Wunder, dass Teepuppen aus der Blütezeit von Jugendstil und Art Deco heute zu begehrten Sammlerstücken zählen und zum Blickfang jeder Vitrine werden. Eine der umfangreichsten Kollektionen europaweit ist in einer ständigen Ausstellung des Puppenmuseums in Coburg zu bewundern.

Warum die Suche lohnt

Übrigens werden Teepuppen auch jetzt noch hergestellt; zumeist in Italien und vermehrt auch im Fernen Osten. Jedoch lassen sich die modernen Exemplare hinsichtlich Qualität, Ausführung und Optik nicht mit ihren älteren Schwestern vergleichen. Es lohnt sich daher, auf Flohmärkten zu stöbern oder sich bei Auktionen umzuschauen, um ein Original aus der Zeit zu ergattern.

Komfort im Beutel

Hurra! Das Tee-Ei zum Einhängen brachte den Fortschritt in die Küche. Die Vorrichtung beim Aufbrühen ersparte die umständliche Prozedur des Abseihens und Umfüllen des Tees in eine zweite Kanne.

Für Teetrinker war die Erfindung der feinlöchrigen Metallkonstruktion in Eiform ein wahrer Segen. Denn das praktische Utensil machte endlich Schluss mit den losen Teeblättern, die normalerweise beim Einschenken aus der Kanne in die Tasse gerieten. So verwundert es nicht, dass um 1900 in fast jedem Haushalt solch ein nützliches Behältnis Verwendung fand.

Wie der Zufall so spielt

Doch es sollte noch besser kommen. Dem New Yorker Teehändler Thomas Sullivan sei Dank. Der smarte Kaufmann kam auf eine geniale Geschäftsidee, die zwar unbeabsichtigt, aber nichtsdestotrotz außerordentlich erfolgreich die Zubereitung des beliebten Getränks weiter erleichterte.

Bisher hatte Mister Sullivan seinen Kunden die Proben der neuesten Teesorten in gewichtigen Blechdosen zugeschickt. Zu teuer, meinte der kostenbewusste Händler und suchte deshalb nach einer preiswerteren Lösung für den Versand. Kurzentschlossen füllte er die Probiermengen in kleine Seidenbeutel, die mit einer Kordel verschlossen wurden und brachte sie auf den Postweg zu den Abnehmern in nah und fern. Die Empfänger der ungewöhnlichen Sendung zeigten sich von der vermeintlichen Variante des herkömmlichen Tee-Eis begeistert, hängten die Säckchen ins kochende Wasser und ließen das Ganze eine Zeitlang ziehen, bis der Tee die gewünschte Stärke erreicht hatte. Als Thomas Sullivan von der Zweckentfremdung der Teebeutel erfuhr, baute er seine Erfindung verbraucherfreundlich aus mit dem Ziel, das Resultat beispielsweise mit geeigneteren Stoffen und verschiedenen Größen zu optimieren.

Glück im Unglück

Schon wenige Jahre nach der Einführung ließ die Akzeptanz der komfortablen Teebeutel allerdings deutlich nach. Produktpiraten hatten die Vorteile der rentablen Innovation entdeckt und überschwemmten den Markt mit Erzeugnissen von minderer Qualität. Unter anderem wurden billige Kräuter oder krümeliger Tee-Abfall der jeweiligen Mischung zugesetzt, um noch mehr Profit zu machen. Mit der Folge, dass Teebeutel in Verruf gerieten. Das Erfolgsmodell schien vor dem Aus zu stehen.

In dieser kritischen Situation nahm sich der Brite John Horniman des Problemfalls an und schaffte es, dem Teebeutel zu neuer Reputation zu verhelfen. Er versiegelte die nun aus Papier gefertigten Beutel mit Leim, was ein unbefugtes

Nachfüllen verhindern sollte. Nachteil des Verfahrens: Der Klebstoff beeinflusste den Teegeschmack. Zudem machte das Papier die Flüssigkeit pappig, Baumwolle als Ausweichmaterial dagegen muffig. Es gab also noch einiges zu tun, um den Teebeutel zu perfektionieren.

Dies gelang dem Deutschen Adolf Rambold, der 1929 den ersten Aufgussbeutel aus speziell gefertigtem, geschmacksneutralem Pergamentpapier präsentierte. Auch die Teepackmaschine aus dem Baujahr 1949, die den bis heute verwendeten, patentierten Doppelkammerbeutel mit Heftklammerverschluss produzierte, wurde von ihm entwickelt. Moderne Verpackungsanlagen sind inzwischen in der Lage, bis zu 400 Teebeutel in der Minute fertigzustellen.

Mobilmachung mit Platzvorteil

Zunächst in Hotels und Restaurants im Einsatz, kam dieser kleine Helfer in den fünfziger Jahren auch in deutschen Essecken ganz groß heraus und wurde bei der Dame des Hauses schnell zum heimlichen Liebling: Der Teewagen gehörte in dieser Zeit als nützliches Utensil an jeden gedeckten Tisch. Denn er sah nicht nur gut aus, sondern leistete als belastbare Service-Kraft willkommene Dienste beim Servieren. Und war dabei höchst flexibel. Die beiden Tabletts am Nachmittag voll beladen mit Kanne, Zuckerdose und Sahneausgießer, Gebäckschale und Kuchenteller, bot er abends im Party-Keller zusätzliche Abstellfläche für Bowle, Käse-Igel, Salzstangen und Cognacschwenker. Wurde das mobile Wägelchen nicht mehr benötigt, verschwand es einfach in einer Nische.

Der Clou in der Reihe der rollenden Servier-Möbel war natürlich das Klapp-Modell, das von der Solinger Firma Bremshey 1955 unter der Bezeichnung ‚Dinett' auf den Markt gebracht wurde. Eine platzsparende Anschaffung, die sich vor allem bei beengten Wohnverhältnissen lohnte.

Nach wie vor hoch geschätzt

Als sich das Ambiente änderte und die Räume größer wurden, nahte auch das Ende der praktischen Beistellwagen. Allerdings doch nicht so ganz. Wie so oft leben auch in diesem Fall Totgesagte länger. Inzwischen feiert die Teewagen-Flotte fröhliche Urstände. Dem Zeitgeist entsprechend natürlich umbenannt in Serving Trolleys, die durch exklusives Industrie-Styling und hochwertige Materialien zu teuren Designer-Stücken werden. Dabei besinnen sich etliche Gestalter aber auch auf die beliebten Vorbilder vergangener Tage. Etwa den Klassiker des Finnen Alvar Aalto aus dem Jahr 1936 oder das futuristisch anmutende Modell, das Mathieu Matègot anno 1953 entworfen hat.

Ein Mini-Schreibtisch mit Tragkraft

Verändert haben sich heutzutage vielfach die Einsatzzwecke der Roll-Wagen. Transportierten sie früher das Zubehör für Essen und Trinken, übernehmen sie jetzt neue Tätigkeiten, unter anderem im Home-Office als Stellplatz für Notebook, Drucker & Co. Aber auch zum Stapeln von Büchern und Zeitschriften, als Etagere für Pflanzen oder zur Unterbringung der vielfältigen Unterhaltungs-Elektronik. Wie auch immer: Das angesagte Accessoire von damals hat nichts von seiner Beliebtheit verloren.

Mit dem Samowar nach Tula

So sagt man in Russland, wenn jemand etwas Unnötiges unternimmt. Denn Tula, eine Stadt rund 200 Kilometer von Moskau entfernt, ist ein Zentrum der Samowar-Produktion. Also wäre es überflüssig, ausgerechnet dorthin die eigene Teemaschine zu bringen. Etwa so, als ob man Eulen nach Athen tragen würde.

Volles Programm beim Wasserkocher

Samoware gehören von Russland über die Türkei bis in den Iran zu den gebräuchlichen Gegenständen für die Teezubereitung in ganz Zentralasien. Die Selbstkocher, wie die wörtliche Übersetzung des Namens lautet, gibt es in verschiedenen Größen und Ausführungen. Mal kunstvoll verziert, mal einfacher gehalten, mal für die Verwendung in der Küche gedacht, mal als wertvolles Tischgerät gefertigt. Im Riesenformat mit einem Fassungsvermögen von über einem Kubikmeter Flüssigkeit übernehmen die gigantischen Boiler sogar die Heißwasser-Versorgung eines kompletten Haushalts. Selbst für die Reise im Zug sind die praktischen Geräte erhältlich, um auch unterwegs nicht auf den Tee-Genuss verzichten zu müssen.

Ein ausgeklügeltes System

Ursprünglich wurden die meist aus Kupfer hergestellten Behälter mit Holzkohle oder Petroleum beheizt; heute wie andere moderne Wasserkocher auch mit Strom. Die Funktion läuft über ein spezielles Röhrensystem im Inneren mit einem Kamin-Effekt, der für eine gute Zufuhr der Verbrennungsluft sorgt. Das kochende Wasser für die Teezubereitung wird über einen Hahn am unteren Rand des Samowars in die Kanne gefüllt. Auch zum Warmhalten eignet sich das Utensil hervorragend. Zu diesem Zweck stellt man einen kleinen Kessel mit Teekonzentrat, das mit ein wenig Wasser angesetzt wurde, oben auf den Deckel des Samowars. Wer Tee trinken möchte, gibt einfach etwas von der Mischung in ein separates Gefäß und verdünnt das Ganze mit dem kochenden Wasser. Eine bequeme Methode, die sich schnell und unkompliziert umsetzen lässt.

Wann genau der Samowar erfunden wurde, liegt im Dunkeln der Geschichte. Erste schriftliche Erwähnungen stammen aus der Zeit um 1730. Auch fast dreihundert Jahre später hat der Wasserkocher nichts von seiner Zweckmäßigkeit eingebüßt.

Tee-Geflüster

Very british

Die königliche Familie und der Tee: Stoff für unendliche Geschichten. Angefangen hatte alles mit einem kostbaren Hochzeitsgeschenk in Form von vier Pfund Tee, das die portugiesische Prinzessin Katharina von Braganza ihrem künftigen Gemahl, King Charles II, nach England mitbrachte. Was sich heute ziemlich geizig anhört, war damals ein sehr wertvolles Präsent. Dies erklärt, weshalb sich nach der offiziellen Einführung am Hofe anno 1662 zunächst nur der Adel das teure Getränk leisten konnte. Als der Tee zu einem erschwinglichen Handelsgut wurde und auch die Bevölkerung in den Genuss kommen wollte, wetterte der König vergeblich dagegen. Die Warnungen vor möglichen Gesundheitsgefahren verfingen nicht – die Exklusivität schwand dahin.

Vom Teemädchen zur bewunderten Lady

In London eröffnete ein Tea-House nach dem anderen. So auch im Stadtteil Marylebone, wo die berühmte Romanfigur Sherlock Holmes später seine Detektei unterhielt. Außerdem traten hübsche Tea-Girls auf den Plan, die den Gesellschaften in den hochherrschaftlichen Häusern der Stadt den Tee servierten. Unter den Mädchen befand sich auch die Tochter eines Hufschmieds, die eine fulminante Karriere machen sollte. Denn Sir William Hamilton fand derart Gefallen an der Schönen, dass er sie ehelichte. Die frischgebackene Lady Hamilton geizte jedoch auch anderweitig nicht mit ihren Reizen. Unter anderem schwärmte Johann Wolfang von Goethe von der bezaubernden Britin; Lord Nelson gewann allerdings das Herz der Dame, die den Seehelden in ihrer Villa in Neapel zu einem zärtlichen Tête-à-Tête empfing, derweil Gatte William am Vesuv nach Altertümern buddelte.

Was Königinnen lieben

Auch von Queen Victoria gibt es Anekdotisches zu berichten. Die Erziehung der jungen Prinzessin oblag seinerzeit der gestrengen Herzogin von Northumberland, die ihrem Zögling zum einen die Lektüre der „Times“ untersagte und zum anderen den Genuss von Tee. Nach Ansicht der Lady war beides Teufelszeug, das unbedarfte Mädchen zur Sünde verführte.

Victoria schickte sich ins Unvermeidliche. Doch unmittelbar nach ihrer Krönung 1848 soll die Regentin nach der neuesten Ausgabe der Times sowie nach einer Tasse Tee verlangt haben. „Nun weiß ich erst, dass ich wirklich herrsche“, so ihr Kommentar, wie berichtet wird.

Queen Mum, die beliebte Mutter von Königin Elisabeth, hielt übrigens auch auf Etikette. Sie ließ sich immer in einer Nobelkarosse der Marke Rolls Royce zu ihrem Nachmittagstee chauffieren. Adel verpflichtet.

Die Schlampe wird gesellschaftsfähig

Goethe war bekanntermaßen kein Kostverächter, was das schöne Geschlecht betraf. Bis ins hohe Alter machte er zahlreichen Damen und weniger damenhaften Zeitgenossinnen Avancen. Mit seinem „Bettschatz“ Christiane Vulpius hatte er nicht nur eine leidenschaftliche Affäre, sondern auch einen gemeinsamen Sohn mit Namen August. Als Johann Wolfgang das Verhältnis legitimierte, herrschte in der Weimarer Gesellschaft blankes Entsetzen und Empörung. Wie konnte er nur! Unmöglich!

Eine Tasse Tee als Zeichen der Toleranz

Aller Aufregung zum Trotz stellte sich jetzt die Frage, ob man diese Schlampe, die nun die Gattin des Geheimen Rates im Staatsdienst und Dichterfürsten Goethe geworden war, überhaupt einladen könne oder besser mit Nichtachtung strafen solle. Schließlich hätte es einen Hautgout, mit dieser Persona non grata zu verkehren. Nach langem Hin und Her fand das Fräulein von Göchhausen eine durchaus fortschrittliche, tolerante Antwort auf die Frage nach gesellschaftlicher Akzeptanz: „Wenn Goethe ihr seinen Namen gibt, dann können wir ihr wohl wenigstens eine Tasse Tee geben.“

Goethe wird die Aufregung der Weimarer Haute Volée sicherlich nicht sonderlich berührt haben. Sein gesellschaftliches Standing vor Ort und weit über die Stadtgrenzen hinaus war unanfechtbar. Als berühmter Prominenter seiner Zeit konnte sich Johann Wolfgang jeglichen Fauxpas leisten – eine Freiheit, die er auch gerne und gründlich nutzte.

Auf und davon

Der Erste Weltkrieg war verloren - das Kaiserreich am Ende. Der Zorn der Bevölkerung, die so viel Leid ertragen musste, richtete sich nun gegen Wilhelm II, der durch seine Großmacht-Phantasien den Untergang verschuldet hatte. In zahlreichen Städten übernahmen rebellierende Soldaten und Arbeiter die Macht. Wie ein Flächenbrand dehnte sich die Revolution, die 1918 mit einem Matrosenaufstand in Kiel begonnen hatte, über ganz Deutschland aus.

Lieber ins Exil als sterben

Wilhelm II blieb nichts übrig, als abzudanken und sich ins Ausland abzusetzen. Nur so bestand für ihn die Möglichkeit, dem wütenden Mob zu entkommen. Glück für ihn, dass er sich während dieser Novembertage in seinem Hauptquartier im belgischen Spa befand, wo er den starken Mann gab und verkündete, vor dem Tod keine Angst zu haben. Auch das entpuppte sich als hohle Phrase, für die der hochwohlgeborene Preuße bekannt war. Bevor er seinen Verfolgern in die Hände fiel, machte sich der Ex-Kaiser buchstäblich vom Acker und floh in die Niederlande auf Schloss Amerungen, dem Domizil des Grafen Bentinck.

Wie berichtet wird, sprach Wilhelm II auf der ganzen Reise kein Wort. Der erste Satz nach seiner Ankunft war die Bitte um eine Tasse Tee. Die Hausdame beeilte sich, den Wunsch umgehend zu erfüllen. Dabei kümmerte sich die gebürtige Schottin um eine besondere Mischung: Kräftiger Tee mit einem ordentlichen Schuss Whisky. Seine Majestät a.D. wird diese Stärkung sicherlich gebraucht und dankbar angenommen haben.

Über die Autorin

Berichten, was war, was ist und was kann. Für Brigitte Waldens sind Geschichten das ideale Medium. „Was mich an Geschichten so fasziniert, ist ihre Vielseitigkeit, die sich flexibel an den jeweiligen Inhalt anpasst“, erklärt die Journalistin und Autorin zahlreicher Sachbücher ihr Faible fürs Erzählen. „Denn sie können mehr, als dem Leser auf unterhaltsame Weise etwas Wissenswertes zu vermitteln. Geschichten sind in der Lage, Szenarien zu beschreiben, Gefühle zu schildern und Verhaltensweisen nachvollziehbar zu machen. Kurz: Eine Geschichte wird jedem Thema gerecht. Deshalb liebe ich Geschichten.“

Von Brigitte Waldens sind zuletzt erschienen „Catwalk“, eine Heimatkunde auf vier Pfoten aus der Region, sowie das Buch „Wut hat keine Tränen“. Hier treffen Mensch und Tier aufeinander, um ihre Kriege auszutragen. Dabei verwischen sich die Grenzen zwischen Fiktion und Wirklichkeit auf beklemmende Weise. Auch jetzt bleibt die Autorin dem bevorzugten Format, in dem sie Inhalte gewöhnlich umsetzt, unverändert treu. Damit gelingt es, im Rahmen von zwölf Episoden die unterschiedlichen Facetten der Wut anschaulich darzustellen.

Mit „Leicht beschädigt – Vom Leben als Mängelexemplar“ öffnet Brigitte Waldens ein weiteres Kapitel in ihrem Schaffen. 24 Psychogramme skizzieren das Verhalten von Menschen, die von Verlusten getroffen sind, unter misslichen Umständen leiden oder einfach Eigenschaften besitzen, die nicht mit dem gesellschaftlichen Mainstream konform gehen. Aber vielleicht doch normaler sind, als es auf den ersten Blick scheint.

Ergänzt werden die Publikationen durch den Titel „Aufgegabelt“. Die Koch-Geschichten mit Geschmack machen neugierig darauf, was sich hinter Gerichten mit so merkwürdigen Namen wie Pfefferpotthast, Spaghetti nach Hurenart oder Blindhuhn verbergen mag. Mit dem neuen Buch „Frisch aufgebrüht“ folgt nun eine Einladung in die weltweiten Kulturen von Kaffee und Tee. Viel mehr, als einfach nur Getränke.